ACCESO GRATIS ***a la Lectura en la Nube***

Para visualizar el libro electrónico en la nube de lectura envíe junto a su nombre y apellidos una fotografía del código de barras situado en la contraportada del libro y otra del ticket de compra a la dirección:

ebooktirant@tirant.com

En un máximo de 72 horas laborales le enviaremos el código de acceso con sus instrucciones.

La visualización del libro en **NUBE DE LECTURA** excluye los usos bibliotecarios y públicos que puedan poner el archivo electrónico a disposición de una comunidad de lectores. Se permite tan solo un uso individual y privado

LAS MEDIDAS CAUTELARES EN EL JUICIO DE AMPARO

Procedimiento de selección de originales, ver página web:
www.tirant.net/index.php/editorial/procedimiento-de-seleccion-de-originales

LAS MEDIDAS CAUTELARES EN EL JUICIO DE AMPARO

JUAN PABLO GÓMEZ FIERRO

LUIS PÉREZ DE ACHA
Prólogo

tirant lo blanch
Ciudad de México, 2024

© EDITA: TIRANT LO BLANCH
DISTRIBUYE: TIRANT LO BLANCH MÉXICO
Av. Tamaulipas 150, Oficina 502
Hipódromo, Cuauhtémoc
CP 06100, Ciudad de México
Telf: +52 1 55 65502317
infomex@tirant.com
www.tirant.com/mex/
www.tirant.es
ISBN: 978-84-1071-193-8
MAQUETA: Disset Ediciones

Si tiene alguna queja o sugerencia, envíenos un mail a: *atencioncliente@tirant.com*. En caso de no ser atendida su sugerencia, por favor, lea en *www.tirant.net/index.php/empresa/politicas-de-empresa* nuestro procedimiento de quejas.

Responsabilidad Social Corporativa: http://www.tirant.net/Docs/RSCTirant.pdf

Índice

Introducción ... 9

Prólogo ... 17

I. Las medidas cautelares en el juicio de Amparo ... 21

II. Los efectos restitutorios de la suspensión (Primera Parte) ... 25

III. Los efectos restitutorios de la suspensión (Segunda Parte) ... 33

IV. Los requisitos de procedencia de la suspensión ... 41

V. Los requisitos de eficacia en la suspensión ... 53

VI. La apariencia del buen derecho. ... 65

VII. La ponderación y el test de proporcionalidad en la suspensión ... 77

VIII. La suspensión con efectos generales ... 87

IX. La suspensión en amparo directo ... 113

X. El cumplimiento de la suspensión ... 123

XI. Los medios de impugnación en la suspensión ... 133

XII. La suspensión en materia de competencia económica ... 143

XIII. La suspensión en materia ambiental ... 153

XIV. La suspensión en materia penal ... 169

Introducción

El juicio de amparo mexicano, desde de su creación -hace casi 2 siglos- en la Constitución Yucateca de 1840, por Manuel Crescencio García Rejón y Alcalá, hasta nuestros días, se ha caracterizado por ser el proceso constitucional más eficiente para la protección de los derechos humanos. Por la amplia tutela que brinda frente a los actos de autoridad inconstitucionales, se ha ganado una amplia aceptación, no sólo en el medio de los profesionales del derecho o en la práctica forense, sino, principalmente, entre el pueblo de México.

El amparo se hubiera perdido entre otros tantos procesos y hubiera carecido de eficacia, si no contara con la valiosa institución de la suspensión del acto reclamado. Ni el Acta Constitutiva y de Reformas de 1847, ni la Constitución de 1857 se ocuparon de ella, pero la primera Ley de Amparo, la de 1861, sí la estableció en su artículo 4°. No pasó mucho tiempo para que la regulación de 1908 sentara las bases para la existencia de la suspensión provisional y la definitiva.

Considero que hoy hablar de suspensión -al menos conceptualmente- es inadecuado. Es verdad que su denominación deriva de lo dispuesto en el artículo 107, fracción X, de la Constitución Política de los Estados Unidos Mexicanos. Esto se debe a que, cuando surgió, originalmente tuvo como finalidad paralizar los actos de autoridad aparentemente inconstitucionales mientras se resolvía el fondo del amparo; de ahí su denominación que, en su acepción gramatical -según la Real Academia de la Lengua- significa detener o diferir en el tiempo algo.

Hoy la suspensión es una especie dentro del género de medidas cautelares. Por un lado, permite la paralización del acto de autoridad, lo que se conoce como medidas conservativas o de paralización; por otro, permite restablecer provisionalmente al quejoso en el goce del derecho que se estima vulnerado, lo que se conoce como medidas de restitución provisional o tutela anticipada.

Por ello, considero que lo adecuado es hablar de medidas cautelares en el juicio de amparo. De ahí que el título de este libro abandone la tradición jurídica de hablar de suspensión, para hablar de suspensión como una especie dentro del género las medidas cautelares, que incluyen tanto las medidas de paralización, como las de tutela anticipada. No obstante, durante el desarrollo de este libro me referiré de manera indistinta a la suspensión o medida cautelar, a efecto de que sea congruente con la Constitución, la legislación vigente y la amplia doctrina y jurisprudencia que se ha desarrollado sobre el tema.

La suspensión o medida cautelar ha evolucionado notablemente. No sólo en cuanto a la posibilidad de restituir provisionalmente al quejoso en el goce del derecho vulnerado, sino también en relación con la posibilidad de dotarla de efectos generales, frente a un acto aparentemente inconstitucional que afecte derechos de naturaleza colectiva o difusa.

Por su riqueza conceptual, legal, doctrinal y jurisprudencial, lo que se ha escrito sobre la suspensión es muy vasto. Particularmente llamaron mi atención, desde que estaba estudiando la licenciatura en derecho, las obras de Ricardo Couto y de Góngora Pimentel, que son de alguna manera los estudios en los que me inspiré para escribir este libro. Comencé por redactar un artículo mensual durante 2023 para la revista *Abogacía,* para luego revisarlos minuciosamente, actualizarlos y complementarlos con reflexiones personales y nuevos temas sobre la materia.

Hoy, 30 años después de que los citados autores ya hablaran de los efectos restitutorios en las medidas cautelares o de la apariencia del buen derecho y el peligro en la demora, las medidas cautelares también se han fortalecido. En esta obra busco actualizar dichos estudios a partir de la evolución que han tenido las medidas cautelares en el juicio de amparo y reconocer el avance significativo que aquéllos aportaron su consolidación en el juicio de amparo mexicano.

Elegir los temas de este libro no fue sencillo. Me ocupé de los que considero más relevantes, a partir de la experiencia adquirida en estos 22 años de carrera judicial en el Poder Judicial de la Federación y en los últimos 9 años como juez de Distrito. En cada capítulo, he dado un tratamiento monográfico a cada uno de los aspectos más trascendentes, con una remisión específica a la jurisprudencia y criterios aplicables que estimo relevantes.

En el capítulo primero analizo el objeto de las medidas cautelares en el juicio de amparo. Su finalidad y su importancia para la restitución de los derechos humanos que se consideran afectados.

En los capítulos segundo y tercero analizo los efectos de la suspensión, no sólo en la hipótesis en que la medida cautelar se traduce en la paralización del acto de autoridad, sino de manera especial, en los casos en que puede restituir provisionalmente un derecho. En este último supuesto, hago una referencia a sus antecedentes doctrinales y jurisprudenciales y señalo los casos en que la suspensión puede tener efectos restitutorios no sólo provisionales, sino también definitivos.

En el capítulo cuarto analizo los requisitos de procedencia para el otorgamiento de la medida cautelar. Los supuestos de la suspensión de oficio y a petición de parte, donde realizo una reflexión sobre su tramitación; además, hago una revisión del test al que, por regla general, estimo debería someterse el estudio de la suspensión.

En el capítulo quinto examino los requisitos de eficacia de la suspensión. En éste planteo los relativos al amparo directo y al amparo indirecto, haciendo especial énfasis en el caso de la garantía del interés fiscal, así como el de las contragarantías que, en ciertos casos, pueden permitir la ejecución del acto de autoridad que previamente fue objeto de una medida cautelar.

El capítulo sexto lo dedico al análisis de la apariencia del buen derecho. Ahí destaco su evolución jurisprudencial, desde el criterio emitido por el Tercer Tribunal Colegiado en Materia Administrativa del Primer Circuito hasta los que sustentó la Suprema Corte de Justicia de la Nación, pues fue precisamente con base en éstos que surgió la obligación del juzgador de amparo de analizarla junto con el estudio de la posible afectación al orden público y al interés social, para luego ser incorporada en la reforma constitucional de 6 de junio de 2011.

El capítulo séptimo lo dedico a la ponderación y al test de proporcionalidad en la suspensión de los actos reclamados. Ahí menciono que la "ponderación" debe realizarse entre la apariencia del buen derecho, el orden público y el interés social. Al respecto cuestiono el concepto "ponderación" para el análisis de procedencia de la medida y analizo el principio de proporcionalidad en las medidas cautelares. En este capítulo cito como ejemplos la suspensión a las reformas de Ley de la Industria Eléctrica que modificó la forma en la que se desarrollaba el sector eléctrico, así como de Ley Federal de Telecomunicaciones y Radiodifusión, que estableció la obligación de proporcionar los datos biométricos de los usuarios de las líneas telefónicas.

Más allá de la restitución generada por el otorgamiento de la suspensión, en el capítulo octavo doy tratamiento a un tema realmente novedoso en el juicio de amparo: el hecho de que, en determinados casos, es posible otorgar la suspensión con efectos generales, para lo cual es necesario reinterpretar el principio de relatividad que rige al juicio de amparo, también conocido como *fórmula Otero*. Este particular, si bien ha sido materia de temas especializados como la competencia y la libre concurrencia del sector energético, invito a una profunda reflexión y estudio más amplios, dada su enorme complejidad.

En el capítulo noveno, analizo la medida cautelar en el juicio de amparo directo. Ahí hago una breve referencia al origen y evolución de este amparo, así como a la inaplicación de la apariencia del buen derecho en esta vía, para luego incursionar en sus aspectos generales, lo mismo que en el régimen especial de las materias del trabajo y la penal. Cierro este capítulo con el trámite y efectos de la suspensión en esta vía de tramitación del juicio de amparo.

Cuestión de vital importancia es el cumplimiento de la suspensión en el juicio de amparo, materia del capítulo décimo. Sin su acatamiento se erosionaría gravemente no sólo el juicio de amparo, sino el orden jurídico nacional. Es importante, de este modo, identificar a los sujetos obligados, a las autoridades vinculadas y los efectos de las medidas cautelares. De manera especial hago una referencia particular al momento en que surte efectos la suspensión. Asimismo, de las consecuencias de su incumplimiento, incluyendo las sanciones administrativas y penales derivadas de aquél.

Los medios de impugnación en la suspensión los abordo en el capítulo décimo primero. En dicho capítulo planteo la diferencia entre los recursos y el concepto procesalmente amplio de los medios de impugnación. Luego, reflexiono sobre su procedencia en amparo indirecto y el directo. En cuanto al primero, analizo la procedencia de los recursos contra la provisional y la definitiva; para luego, en cuanto al amparo directo, referirme al recurso de queja y al incidente por exceso o defecto en el cumplimiento de la suspensión.

Los temas especializados son objeto de los siguientes tres capítulos, donde, respectivamente, abordo los aspectos relativos a las materias de competencia económica, ambiental y penal. Respecto de los dos primeros, tuve una relación directa durante los últimos 4 años en los que estuve comisionado como juez de Distrito especializado en competencia económica, radiodifusión y telecomunicaciones.

En el capítulo décimo segundo, analizo la exégesis de los órganos encargados de vigilar y sancionar la competencia en dos ramas de la economía, como son el Instituto Federal de Telecomunicaciones y la Comisión de Competencia Económica. De igual manera, cuestiono la prohibición absoluta de la suspensión contra los actos de los referidos órganos. También planteo los efectos y consecuencias que, como juzgador especializado, di a la suspensión contra las reformas y adiciones a la Ley de la Industria Eléctrica, de marzo de 2021.

En el capítulo décimo tercero, hago referencia a la suspensión en materia ambiental, que tiene, por sí solo, un amplio espectro. Basta con recordar la famosa frase de Mauro Cappelletti: "¿A quién pertenece el aire que respiro?" En este sentido, hago hincapié en su dimensión individual y colectiva, a sus principios, a la aplicación que tiene el interés legítimo y los requisitos adicionales para su procedencia, al igual que a sus efectos. En cuanto a estos últimos, me refiero a la decisión que, como juzgador especializado, adopté respecto de la interacción existente entre los asuntos vinculados con el sector eléctrico y el uso de combustibles fósiles para la generación de energía eléctrica.

Por último, el capítulo décimo cuarto, lo dedico a la suspensión en materia penal. Aunque he estado involucrado muy poco en esta materia, acudo a los principales criterios que se han emitido, particularmente en amparo indirecto y hago un análisis respecto de cuatro aspectos específicos que considero más relevantes: los actos *prohibidos constitucionalmente* en materia penal; la suspensión del procedimiento; la suspensión respecto del auto de vinculación a proceso y, de manera relevante, la prisión preventiva oficiosa y la aplicación de la apariencia del buen derecho, así como los efectos restitutorios en esta materia.

No puedo dejar de destacar que la eficacia del amparo se mide, en gran medida, por la efectividad que pueda tener la medida cautelar de la suspensión del acto reclamado. En un sistema democrático es prioritaria la progresividad y protección de los derechos humanos; por ello, las instituciones sustantivas y las procesales deben adecuarse para satisfacerlos plenamente. Nunca privilegiar al proceso por sí mismo sobre su principal finalidad: la protección de los derechos humanos de todas las personas. De otro modo, resultan un mero espejismo, una simple quimera. De ahí que comparta algunas posiciones que identifican a las medidas cautelares en el juicio de amparo no sólo como un derecho adjetivo o procesal, sino como un verdadero derecho sustantivo derivado del derecho de tutela judicial efectiva que reconocen el artículo 17 constitucional y 25 de la Convención Americana sobre Derechos Humanos.

La realidad se transforma constantemente y la sociedad tiene nuevos requerimientos que deben ser atendidos en el ámbito jurídico. La institución de la suspensión ha venido evolucionando efectivamente para atenderlos. Es importante que todas las instituciones públicas estén conscientes de esto para que, en su ámbito de competencia, el amparo siga siendo un medio moderno y eficiente de protección de los derechos humanos. Cualquier retroceso en la materia no es en perjuicio de los juzgadores, sino que tiene un efecto sumamente pernicioso y representa una involución en los derechos humanos individuales y colectivos del pueblo mexicano al que todos los servidores públicos estamos obligados a servir, por obligación, por vocación y, sin duda, por convicción.

Finalmente, quiero agradecer a Luis Manuel Pérez de Acha. Lo conocí como abogado postulante, cuando integraba el Comité de Participación Ciudadana del Sistema Nacional Anticorrupción (CPC), siendo yo juez de Distrito en materia administrativa en la Ciudad de México. Más adelante como mi abogado y, después, como mi amigo. Fue Luis Manuel quien me motivó a escribir este libro, después de largas horas de reflexiones jurídicas y personales. Hoy me honra con su amistad y con el prólogo de esta obra. También quiero agradecer a Ana Laura Santana Valero, a Jaime Daniel Murillo Zavaleta y a Luis Hernández Plata, destacados servidores públicos del Poder Judicial de la Federación, con quienes tuve el privilegio de compartir largas jornadas de trabajo -en medio de la pandemia- durante mi comisión en el Juzgado Segundo de Distrito especializado en Competencia Económica, Radiodifusión y Telecomunicaciones. Ana Laura, Daniel y Luis me apoyaron en la elaboración de las resoluciones más complejas en materia de suspensión durante esos años. Con Ana Laura y Daniel revisé cuidadosamente cada uno de los capítulos que componen este libro. Mi agradecimiento, no menos importante, a Laura Esther Ruiz Díaz, una destacada y leal colaboradora que me ayudó a compilar y sistematizar la información, doctrina y jurisprudencia más relevante que integran este texto, así como a revisar la redacción de cada uno de los capítulos. Hoy, gracias a ellos, esta obra, que pongo a consideración de los lectores, ve la luz.

JUAN PABLO GÓMEZ FIERRO
San Luis Potosí, Semana Santa 2024

Prólogo

El derecho es dinámico. Sus reglas se adaptan a las exigencias cambiantes, en ocasiones intensas y vertiginosas, de la realidad social, económica, empresarial y política de México. En su vertiente procesal, el derecho es igualmente versátil en la construcción de vías para dirimir los conflictos entre las personas.

De este modo, el derecho sustantivo da vida a un derecho procesal autónomo que, por contrapartida, impulsa el contenido y los alcances de aquél. Ambas ramas se complementan y dan coherencia al entramado jurídico de nuestro país. El derecho procesal, por lo tanto, no es una práctica estática y mecanizada de las normas legales, sino vigorosa y fructífera.

El juicio de amparo se inserta en el concepto amplio del derecho procesal. Su génesis constitucional se alimenta de la teoría general del proceso y se desarrolla en una ley reglamentaria. Es un procedimiento de carácter nacional, en la medida que el objeto de justiciabilidad son todas las normas generales y actos de las autoridades federales, estatales y municipales, incluidas las sentencias de tribunales y las resoluciones de los organismos constitucionales autónomos. Su campo de incidencia es de amplio espectro; es totalizador.

No es extraño, por consiguiente, que las decisiones del Poder Judicial de la Federación provoquen reacciones en su contra cuando invalidan normas o actos sometidos a su revisión. En ese sentido, las determinaciones de los jueces y magistrados de amparo y los ministros de la Suprema Corte de Justicia de la Nación incomodan al Ejecutivo federal y al Poder Legislativo —también a gobernadores y legislaturas locales—, en especial en casos de alta sensibilidad política. Un buen ejemplo es la materia de energía eléctrica en el sexenio del presidente López Obrador.

Una particularidad del juicio de amparo es la suspensión de los actos reclamados, objeto de análisis por Juan Pablo Gómez Fierro en la obra que prologo. Es una figura procesal prevista en el artículo 107, fracción X de la Constitución Federal, con la finalidad de que, como lo frasea el artículo 147 de la Ley de Amparo, el órgano jurisdiccional fije «la situación en que habrán de quedar las cosas» y tome «las medidas pertinentes para conservar la materia del amparo hasta la terminación del juicio»; o bien, para que se restablezca «provisionalmente al quejoso en el goce del derecho violado mientras se dicta sentencia ejecutoria», siempre que ello «sea jurídica y materialmente posible».

Estas posibilidades son las que nuestro autor califica como medidas cautelares, en sentido amplio y propiamente procesal, y no como actos suspensionales. En la práctica, estas medidas influyen en la decisión estructural de los justiciables para acudir de manera inmediata al juicio de amparo y así paralizar las normas y actos combatidos.

La relevancia de la materia suspensional se manifiesta, de especial manera, como una excepción al principio de definitividad en amparo —agotar de manera previa los medios ordinarios de defensa—, siempre que, como lo establece el precepto constitucional citado, la suspensión en los juicios o recursos de los agraviados «tengan los mismos alcances» que los previstos en la Ley de Amparo, «sin exigir mayores requisitos que los que la misma consigna para conceder la suspensión definitiva, ni plazo mayor que el que establece para el otorgamiento de la suspensión provisional».

En la práctica cotidiana, el entendimiento de la suspensión en amparo se dificulta por la amplitud y dinamismo de las materias sustantivas sobre las que incide. De ahí la valía de los catorce temas que, bajo un criterio de selección apropiado, el autor identifica en el índice de esta monografía. Las aportaciones doctrinales de Juan Pablo Gómez Fierro se enriquecen con su praxis como juez de Distrito —ahora magistrado federal— y con la sistematización de numerosos precedentes publicados en el Semanario Judicial de la Federación.

El reto que asumió ha sido enciclopédico. El material procesado nos lo presenta de manera ordenada y didáctica, lo que facilita la comprensión sencilla y útil de los diversos tópicos. El desarrollo minucioso y pausado de los temas evidencian su pericia para sortear el desafío que se impuso ante sí y ante nosotros, sus lectores, quienes por ensalmo y la magia de su pluma nos convertimos en sus leales discípulos.

El libro es fascinante en su totalidad, aunque los capítulos sobre los efectos restitutorios de la suspensión, la apariencia del buen derecho, la ponderación y test de proporcionalidad, y la suspensión en materia de competencia económica son geniales.

La obra abreva de la experiencia de Juan Pablo Gómez Fierro en su prodigiosa carrera judicial. Las medidas cautelares y sentencias de fondo emitidas como Juez Segundo de Distrito en Materia Administrativa Especializado en Competencia Económica, Radiodifusión y Telecomunicaciones se inscriben en los anales de la épica jurisdiccional como paradigmas de un notable ingenio constitucional. Ahí quedan registradas las suspensiones con efectos generales en temas de alto voltaje político, como la normatividad en energía eléctrica. Sus decisiones marcaron un hito en la autonomía e independencia judiciales.

Los conocimientos que de manera generosa se comparten en el libro nos presentan a un juzgador entregado al fortalecimiento de un modelo evolutivo de justicia. Su compromiso lo proyecta, en el presente y con visión de futuro, a las ligas estelares de nuestro país.

El libro *Las medidas cautelares en el juicio de amparo* no solo evidencia los dones y las habilidades jurídicas del autor; también nos refleja a un juzgador valiente en lo académico e intelectual, en una carrera forjada desde sus inicios como meritorio judicial en San Luis Potosí, su amado terruño.

En los años de mi cercanía con Juan Pablo he aprendido el valor de la amistad, la disciplina y la lealtad; y del trabajo serio y honorable como reducto para abonar a la construcción del Estado de derecho en México.

Me complazco en celebrar nuestro afecto mutuo y abrazar con calidez la publicación de este libro. ¡Enhorabuena!

Mazatlán, Sinaloa, día del eclipse: 8 de abril de 2024

I. Las medidas cautelares en el juicio de Amparo

La suspensión en el juicio de amparo tiene su fundamento en el artículo 107, fracción X, de la Constitución Política de los Estados Unidos Mexicanos (CPEUM), el cual establece que los actos reclamados podrán ser objeto de suspensión en los casos y mediante las condiciones que determine la ley reglamentaria, para lo cual el órgano jurisdiccional de amparo, cuando la naturaleza del acto lo permita, debe realizar un análisis ponderado de la apariencia del buen derecho y del interés social.[1]

En términos generales, la suspensión es una medida cautelar que tiene como principal objeto paralizar los efectos de los actos reclamados o restablecer provisionalmente en el goce del derecho que se considera afectado mientras se decide el juicio de amparo. Esta finalidad obedece a la necesidad de asegurar la eficacia de la sentencia que se dicte.

La suspensión y el derecho de acceso a la justicia tienen una estrecha relación. La posibilidad de asegurar la eficacia de una sentencia estimatoria e incluso tener una restitución anticipada, permiten al justiciable obtener una tutela judicial efectiva.

---

1 "Artículo 107. Las controversias de que habla el artículo 103 de esta Constitución, con excepción de aquellas en materia electoral, se sujetarán a los procedimientos que determine la ley reglamentaria, de acuerdo con las bases siguientes:
(…)
X. Los actos reclamados podrán ser objeto de suspensión en los casos y mediante las condiciones que determine la ley reglamentaria, para lo cual el órgano jurisdiccional de amparo, cuando la naturaleza del acto lo permita, deberá realizar un análisis ponderado de la apariencia del buen derecho y del interés social…"

El derecho de acceso a la justicia, en términos generales, implica la facultad de acceder, en forma individual o colectiva y en condiciones de igualdad, al sistema de medios alternos, jurisdiccionales y no jurisdiccionales por virtud de los cuales las instituciones del Estado prevén, amparan y sancionan, eficazmente, cualesquier actos u omisiones que pudieran vulnerar o vulneren los derechos humanos fundamentales reconocidos por el derecho nacional e internacional.[2]

De conformidad con los artículos 17 de la CPEUM y 25 de la Convención Americana sobre Derechos Humanos (CADH), el desarrollo de la doctrina y el contenido de la jurisprudencia, el derecho de acceso a la justicia es un derecho humano amplio y complejo, dentro del cual están comprendidos el derecho a la tutela cautelar y el derecho a la tutela judicial efectiva.

García de Enterría sostiene que el derecho a la tutela cautelar es un derecho incluido en el derecho de la tutela judicial efectiva. Sobre este último señala que tiene la categoría de derecho fundamental y considera que el Estado no puede crear situaciones antijurídicas y luego oponerse a su remoción, porque ello equivaldría a impedir la implementación de medidas cautelares adecuadas para hacer frente a esas situaciones, privando al ciudadano de la oportunidad de suspender la norma general que le causa perjuicio.[3]

Por su parte, el Tribunal Supremo Español, al interpretar el artículo 24.1 de la Constitución española, señaló: *"El principio constitucional de efectividad de la tutela judicial ha de proyectarse también sobre la ejecutividad del acto reclamado, lo que, dada la larga*

---

2 Álvarez Ledesma, Mario I., "Acceso a la justicia" en Revista URBE et IUS. Construyendo ciudadanía, No. 13, Asociación Civil URBE et IUS, Buenos Aires, Invierno, 2014, p. 8.

3 García de Enterría, Eduardo, "La consolidación del nuevo criterio jurisprudencial de la apariencia del buen derecho para el otorgamiento de las medidas cautelares. Silencio administrativo y apariencia de abuso de ejecutividad", REDA, núm. 70, España, 1991, p. 9.

duración del proceso, reclama que ese control de la efectividad se adelante en el tiempo al que en la sentencia se lleva a cabo sobre el fondo del mismo."[4]

En su momento, cuando se discutió la nueva Ley de Amparo, Arturo Zaldívar, quien integró la comisión redactora del citado ordenamiento, también apuntó la relevancia de la suspensión en los procesos constitucionales: "*...la autoridad no puede intentar prevalerse de la larga duración de los procesos para beneficiarse de la presunción de validez que el ordenamiento otorga a sus actos, para así obtener la ventaja de la autoejecución mantenida automáticamente durante esa larga duración... Este razonamiento en favor de los derechos fundamentales es ampliamente aceptado por los sistemas jurídicos europeos, no existe razón que justifique su inaplicación en México, máxime en momentos en que luchamos por la consolidación de un régimen auténticamente democrático, lo que significa, como hemos sostenido el advenimiento de un verdadero Estado de derecho.*"[5]

En este mismo tenor, Arias Ramírez ha puntualizado que las medidas cautelares en los sistemas universal y regional de protección de los derechos humanos son de vital importancia: "*...Es evidente que las providencias o medidas cautelares tienen mayor significado en el Derecho internacional de los derechos humanos, pues en esta materia, más que en ninguna otra, es imprescindible evitar que durante la tramitación de un procedimiento ante los órganos tutelares, en particular los de carácter regional, se consumen de manera irreparable las violaciones de los derechos establecidos en los convenios internacionales respectivos, o se afecte a las personas que deben comparecer o han comparecido como testigos o peritos en estos procedimientos...*"[6]

---

4 Zaldívar Lelo de Larrea, Arturo, Hacia una nueva Ley de Amparo, 2a. ed., México, Porrúa, 2004, p. 95.

5 Idem.

6 Arias Ramírez, Bernal, Las medidas provisionales y cautelares en los sistemas universal y regionales de protección de los derechos humanos, p. 83. Disponible en: http://www.corteidh.or.cr/tablas/r08060-3.pdf (Consultada el 9 de septiembre de 2021).

Lo anterior revela, sin duda alguna, que las medidas cautelares y, en particular, la suspensión en el juicio de amparo, es fundamental para evitar que durante la tramitación del mismo, el acto se consume de forma irreparable en perjuicio del justiciable o se le causen daños de difícil reparación.

De no existir esta medida cautelar, es patente el perjuicio que le ocasiona al quejoso la imposibilidad de paralizar los efectos y consecuencias de los actos reclamados y de evitar su realización, o restablecer los derechos que se consideran afectados durante la tramitación del juicio, con la posibilidad de que en algunas ocasiones quede sin materia el juicio, lo que se traduce en una violación al derecho de acceso a la justicia y a una tutela judicial efectiva. Esta violación es incompatible con los parámetros que rigen a los Estados democráticos, ya que sin mecanismos de acceso a la justicia que permitan combatir los actos de la autoridad que se consideran violatorios de derechos, los ciudadanos quedan a merced de quienes ejercen el poder.

De ahí la importancia de la suspensión del acto reclamado para la tutela de derechos a través del juicio de amparo. Difícilmente podría ser un medio de tutela eficaz si no fuera posible paralizar los efectos y consecuencias de los actos sometidos al control de constitucionalidad o restablecer provisionalmente los derechos afectados durante el juicio. La efectividad de un medio de tutela, como lo es el juicio de amparo, podría verse minimizada e, incluso, eliminada, si las medidas cautelares no tuvieran la misma eficacia.

II. Los efectos restitutorios de la suspensión (Primera Parte)

Durante muchos años han sido materia de análisis los efectos de la suspensión en el juicio de amparo y la posibilidad de que ésta tenga efectos restitutorios. Desde la Quinta Época, la Suprema Corte de Justicia de la Nación (SCJN) ha producido un importante acervo de jurisprudencia sobre dicho tópico. En la literatura jurídica, destacan las obras de Ricardo Couto[1] y Góngora Pimentel,[2] cuyas valiosas aportaciones contribuyeron al estudio de la suspensión y sus efectos.

Tradicionalmente, se concibió a la suspensión como una medida cautelar con efectos meramente paralizadores. Los criterios de la Quinta Época afirmaban que, por regla general, era improcedente conceder la suspensión cuando tuviera efectos restitutorios, ya que éstos sólo correspondían a la sentencia que se pronunciara en cuanto al fondo del asunto. Además, se consideraba que la naturaleza del acto reclamado era determinante para la procedencia de la medida cautelar, por lo que, si el acto no era susceptible de ser paralizado, aquélla resultaba improcedente.[3]

---

1 Couto, Ricardo, *Tratado Teórico Práctico de la Suspensión en el Amparo*, México, Porrúa, 1973.

2 Góngora Pimentel, Genaro David, *La suspensión en Materia Administrativa*, México, Porrúa, 2005.

3 Algunos de estos criterios son: *"SUSPENSIÓN, OBJETO DE LA."*, registro digital: 287677; *"ACTOS EJECUTADOS."*, registro digital: 280357; *"ACTOS PROHIBITIVOS."*, registro digital: 350710; *"ACTOS CONSUMADOS."*, registro digital: 348843; *"ACTOS NEGATIVOS, SUSPENSIÓN TRATANDOSE DE."*, registro digital: 344900; *"ACTOS DERIVADOS DE ACTOS NEGATIVOS, SUSPENSIÓN EN CASO DE."*, registro digital:

En las siguientes décadas, estos criterios rigieron -con algunas excepciones- la mecánica de la suspensión. Recientemente, el marco constitucional y legal se modificó, lo que permitió que la SCJN interpretara los efectos restitutorios de la suspensión bajo una nueva perspectiva.

El artículo 107, fracción X, de la CPEUM fue reformado el 6 de junio de 2011 para establecer que, cuando la naturaleza del acto lo permitiera, los órganos jurisdiccionales debían realizar un análisis ponderado de la apariencia del buen derecho y del interés social.

En dicho precepto se estableció también una cláusula habilitante para que el legislador ordinario estableciera los casos y condiciones en que sería procedente el otorgamiento de la suspensión. Así, en la Ley de Amparo, específicamente en la Sección Tercera (de la normatividad de amparo indirecto) se reguló lo relativo a la suspensión del acto reclamado. De manera destacada, los artículos 139 y 147 establecen los efectos de la medida cautelar.

El artículo 139 señala que, en los casos en que proceda la suspensión, el órgano jurisdiccional deberá ordenar que las cosas se mantengan en el estado que guarden hasta que se notifique a la autoridad responsable la resolución que se dicte sobre la suspensión definitiva. Este precepto coincide con uno de los efectos que tienen la medida cautelar en el juicio de amparo y que es precisamente paralizar los efectos y consecuencias del acto reclamado.

Por su parte, el artículo 147 establece que, atendiendo a la naturaleza del acto reclamado, el órgano jurisdiccional ordenará que las cosas se mantengan en el estado que guarden y

---

320515; y, *"ACTOS NEGATIVOS, SUSPENSIÓN CONTRA LOS."*, registro digital: 344781, entre otros.
Todos los registros digitales de este libro deben entenderse referidos a la página electrónica del Semanario Judicial de la Federación: Listado de resultados de Tesis (scjn.gob.mx).

que, de ser jurídica y materialmente posible, restablecerá provisionalmente al quejoso en el goce del derecho violado mientras se dicta sentencia ejecutoria en el juicio. A diferencia de lo que señala el artículo 139, este precepto no sólo permite que el acto reclamado pueda ser paralizado, sino también que exista una restitución provisional del derecho cuestionado.

Al interpretar dichos preceptos, la Primera Sala de la SCJN fue la primera en reconocer que podía concederse la suspensión contra una orden de lanzamiento ya ejecutada, lo que permitiría restablecer al quejoso en la posesión del bien inmueble.

Así lo estableció en la jurisprudencia 1a./J. 21/2016, de rubro: *"LANZAMIENTO EJECUTADO. PROCEDE CONCEDER LA SUSPENSIÓN EN SU CONTRA, SIEMPRE QUE SE DEMUESTREN LA APARIENCIA DEL BUEN DERECHO Y EL PELIGRO EN LA DEMORA, Y NO EXISTA IMPEDIMENTO JURÍDICO O MATERIAL."*[4]

Más tarde, la misma Sala resolvió que, si bien la naturaleza de los actos reclamados es relevante para determinar el contenido de la suspensión, no lo es para determinar su procedencia. Este criterio quedó contenido en la jurisprudencia 1a./J. 70/2019, de rubro: *"SUSPENSIÓN. LA NATURALEZA OMISIVA DEL ACTO RECLAMADO NO IMPIDE SU PROCEDENCIA."*[5]

A pesar de que la normatividad vigente y los criterios de la SCJN ya permiten que exista una restitución provisional de los derechos afectados mientras se decide el fondo de la controversia en el juicio de amparo, aún existen resoluciones y opiniones que sostienen lo contrario.

Al respecto, considero que ha abonado a esta corriente el uso del vocablo "suspensión" para definir -desde la CPEUM- a la medida cautelar en el juicio de amparo. De acuerdo con el

---

4 *Registro digital: 2011829.*

5 Registro digital: 2021263.

diccionario de la Real Academia de la Lengua Española "suspensión" proviene del latín *suspendere*, que tiene entre otras acepciones, la de *detener o diferir por algún tiempo una acción u obra.*[6] Pero, como he precisado, la suspensión no tiene únicamente efectos paralizadores, sino que también es posible restituir provisionalmente al quejoso en el goce del derecho que estima violado.

En realidad, la suspensión es uno de los efectos que puede tener la medida cautelar: una especie dentro del género de las medidas cautelares. En consecuencia, si se parte de un concepto de suspensión restringido, ello se verá reflejado en el entendimiento que se tenga sobre sus alcances.

Las medidas cautelares en el juicio de amparo incluyen, dentro de sus efectos, tanto la paralización de los efectos y consecuencias de los actos reclamados, como la restitución provisional de los derechos afectados. Es decir, pueden impedir que el acto se materialice (medidas conservativas), así como el restablecimiento al quejoso en el goce del derecho afectado (tutela anticipada).

Es por ello que la naturaleza de los actos reclamados es intrascendente para determinar si es o no procedente la medida cautelar. En realidad, la relevancia que tiene es única y exclusivamente para determinar qué tipo de medidas podrían adoptarse en caso de ser procedente: i) paralizar un acto; o, ii) la restitución provisional de un derecho.

En este último supuesto, será necesario analizar que la medida cautelar no coincida exactamente con la pretensión principal del promovente. El límite que encuentra la medida cautelar, tratándose de la restitución de derechos, es que ésta sea provisional y no definitiva, al grado de que agote o deje sin materia el juicio de amparo.

---

6 Real Academia Española, Diccionario de la lengua española, España, Ed. Espasa Calpe, 2001, p. 2114.

Enseguida mencionaré algunos ejemplos en materia administrativa, que servirán para ilustrar mejor este punto. En primer lugar, me referiré a aquellos casos en los que el otorgamiento de la medida cautelar permitió restituir provisionalmente a los quejosos en el goce de los derechos afectados. Los actos reclamados fueron: a) la omisión de prestar atención médica; b) la negativa de la autoridad sanitaria a la importación de los medicamentos recetados por el médico tratante; y, c) una omisión legislativa absoluta de ejercicio obligatorio.

En los dos primeros supuestos, el efecto de la suspensión permitió al quejoso durante el trámite del juicio de amparo acceder a los tratamientos o medicamentos necesarios para enfrentar su padecimiento, lo que no dejó sin materia el juicio, pues la eventual sentencia concesoria reconocería no sólo el derecho a recibir la atención médica o el suministro de medicamentos solicitados durante la sustanciación del juicio, sino también que pudiera hacerlo en lo subsecuente.

En el tercer supuesto, se otorgó la suspensión con efectos restitutorios, respecto de una omisión legislativa absoluta, por parte del Congreso y el Jefe de Gobierno de la Ciudad de México para que se iniciara el proceso legislativo y se formularan las consultas para expedir la legislación relativa al sistema de cuidados, entre otros, de personas en situación de dependencia por enfermedad, discapacidad, infancia o vejez y a quienes, de manera no remunerada, están a cargo de su cuidado.

El Decimocuarto Tribunal Colegiado en Materia Administrativa del Primer Circuito consideró que la legislación respectiva debió entrar en vigor a más tardar el 31 de diciembre de 2023, de conformidad con la Constitución local respectiva. De manera que, mediante un análisis de la apariencia del buen derecho determinó que si el Congreso no había iniciado algún proceso de revisión de las iniciativas presentadas debía otorgase la medida solicitada para dar inicio al proceso legislativo o a las consultas correspondientes, sin que ello dejara sin materia el juicio de amparo, pues no se obligaba al Congreso local a expedir la ley, sino sólo a desplegar las funciones que le permitan avanzar en su labor legislativa (al momento de escribir estas líneas, no se ha publicado la tesis de mérito).

Por otra parte, dos de los supuestos más recurrentes en materia administrativa, en los que resulta imposible restituir provisionalmente a los quejosos en el goce de los derechos afectados, son: a) la omisión de dar respuesta a un escrito presentado en ejercicio del derecho de petición; y, b) la resolución que niega el otorgamiento de un permiso.

En este supuesto, si bien la naturaleza de los actos, omisiva y negativa, respectivamente, no es determinante para la procedencia de la medida cautelar, lo cierto es que de concederla para que se dé respuesta al quejoso o para que se le otorgue un permiso, terminaría por acoger la pretensión principal del promovente, pues es coincidente con el efecto que tendría una eventual sentencia.

Por último, considero relevante hacer la distinción entre la restitución provisional y la constitución de un derecho. La medida cautelar en el juicio de amparo puede restituir provisionalmente al quejoso en el goce del derecho que aduce afectado; sin embargo, lo que no puede hacer es constituir derechos que no tenía antes de presentar la demanda de amparo, de conformidad con lo dispuesto por el artículo 131, párrafo segundo, de la Ley de Amparo.[7]

Esto es, para que sea posible la restitución provisional de los derechos que se estiman vulnerados, será necesario que el quejoso demuestre que tiene un derecho que requiere protección provisional, pues de lo contrario, la medida se volvería constitutiva de derechos.

---

[7] Artículo 131.
(…)
En ningún caso, el otorgamiento de la medida cautelar podrá tener por efecto modificar o restringir derechos ni constituir aquéllos que no haya tenido el quejoso antes de la presentación de la demanda.

Sirven para ejemplificar este particular, los casos siguientes:

a) La resolución que determina la no ratificación de magistrados. En estos supuestos, la Segunda Sala de la SCJN determinó que no es posible conceder la medida cautelar para que continúen en el cargo, no porque no sea posible restablecer provisionalmente un derecho, sino debido a que el periodo para el que fueron nombrados ya concluyó. En consecuencia, de concederse la medida cautelar para continuar desempeñando la función jurisdiccional, se les estaría constituyendo un derecho que ya no tienen.

   Este criterio quedó contenido en la jurisprudencia 2a./J. 88/2018 (10a.), de rubro: *"SUSPENSIÓN EN EL JUICIO DE AMPARO. ES IMPROCEDENTE CONCEDERLA CONTRA LOS EFECTOS Y CONSECUENCIAS DEL ACTO RECLAMADO CONSISTENTE EN LA NO RATIFICACIÓN Y/O REELECCIÓN DEL CARGO DE MAGISTRADO LOCAL."*. [8] El criterio fue retomado, al resolver el incidente de suspensión 4/2023, en sesión de 28 de febrero de 2024.[9]

b) La resolución de la autoridad que niega un permiso. En este supuesto, de concederse la suspensión para que se otorgue un permiso, se constituiría un derecho que no se tiene a la fecha de la presentación de la demanda. Más aún, el efecto coincide con la pretensión principal del promovente del amparo y el juzgador actuaría sustituyendo las facultades de la autoridad a la que le corresponde verificar la procedencia de su otorgamiento.

   El tema de la suspensión y los efectos restitutorios es muy extenso. En este capítulo he procurado esbozar sus principales características, avances y aplicación en algunos

---

8 *Registro digital: 2017846.*

9 El engrose se encuentra pendiente a la fecha de publicación de esta obra.

casos concretos. Considero que abonaría a su perfeccionamiento una reforma constitucional que reconozca que los actos reclamados en el juicio de amparo pueden ser objeto -no de una suspensión- sino de una medida cautelar, de manera que conceptualmente se reconozca su amplitud y alcances. Considero que aún queda un largo camino por recorrer en la materia; solamente a través de la práctica podremos seguir descubriendo los alcances de esta figura jurídica de tan amplio y complejo espectro.

III. Los efectos restitutorios de la suspensión (Segunda Parte)

Como he precisado, la Primera Sala de la SCJN fue la que inicialmente reconoció que la suspensión podía tener efectos restitutorios, al señalar que era procedente contra una orden de lanzamiento ya ejecutada, lo que permitiría restablecer provisionalmente al quejoso en la posesión del bien inmueble. En este caso, reconoció la posibilidad de que un acto consumado pudiera ser materia de una medida cautelar.

Posteriormente, la misma Sala resolvió que también podía otorgarse la medida cautelar respecto de omisiones, al considerar que si bien la naturaleza de los actos reclamados es relevante para determinar el contenido de la suspensión, no lo es para determinar su procedencia. De acuerdo con este criterio, un acto omisivo puede ser materia de una medida cautelar, ya que la relevancia que tiene la naturaleza de los actos reclamados es única y exclusivamente para determinar qué tipo de medidas podrían adoptarse en caso de ser procedente: *i)* paralizar un acto o *ii)* la restitución provisional de un derecho.

Es importante precisar que si bien la Primera Sala ha reconocido la posibilidad de que a través de la suspensión se pueda restituir al quejoso en el goce del derecho violado, ha establecido que la restitución debe ser provisional y no definitiva, al grado de que agote o deje sin materia el juicio de amparo, ya que la medida cautelar no puede coincidir exactamente con la pretensión principal del promovente.

Más adelante, la Segunda Sala de la SCJN resolvió la contradicción de criterios 338/2022. En esta ejecutoria se fijaron las reglas para establecer cuáles son los parámetros que debe tomar en cuenta el juzgador para analizar la posibilidad de conceder la suspensión del acto reclamado con efectos restitutorios ante la eventualidad de que con su concesión se deje sin materia el juicio.

La Sala consideró que con la medida cautelar se busca preservar la materia del juicio, lo cual se traduce en que el órgano jurisdiccional debe proteger el derecho que la quejosa considera afectado. Con base en esta premisa, estableció que es irrelevante que los efectos de una medida cautelar coincidan con los de una eventual sentencia de amparo, siempre y cuando dichos efectos sean transitorios y no definitivos.

La regla general, de acuerdo con el criterio de la Segunda Sala, es que la suspensión del acto reclamado tenga un beneficio transitorio, aun cuando se conceda con un carácter restitutorio y exista identidad con los efectos de una eventual sentencia favorable a la quejosa. Lo relevante es que, aun cuando coincidan ambos efectos (medida cautelar y sentencia de amparo), llegado el dictado de esta última aquéllos se puedan retrotraer. En cambio, se tratará de un beneficio no transitorio o definitivo cuando éste no pueda ser revocado aun cuando se niegue el amparo.

Las anteriores consideraciones dieron origen a la jurisprudencia 22/2023 (11ª.), de rubro: *"SUSPENSIÓN DEL ACTO RECLAMADO CON EFECTOS RESTITUTORIOS. PARÁMETROS QUE DEBE TOMAR EN CUENTA EL JUZGADOR AL ANALIZAR LA POSIBILIDAD DE CONCEDERLA ANTE LA EVENTUALIDAD DE QUE, CON ELLO, SE DEJE SIN MATERIA EL JUICIO DE AMPARO EN LO PRINCIPAL."*[1]

Considero que los criterios de las Salas de la SCJN son coincidentes, ya que ambas reconocen que la medida cautelar puede tener efectos restitutorios, con la limitante de que ese alcance sea provisional y no definitivo.

---

1 Registro digital: 2026730.

En mi opinión, la premisa que subyace en la ejecutoria de la Segunda Sala es que si bien pueden coincidir los efectos de una medida cautelar y una sentencia de amparo, eso no es un obstáculo para su otorgamiento, siempre que al dictarse la sentencia de amparo aquéllos se puedan retrotraer.

El problema entonces no es que coincidan los efectos de la suspensión con los de la sentencia de amparo, pues eso no implica que la restitución sea definitiva. En realidad, el problema es que los efectos coincidan "exactamente" con la pretensión principal del promovente, como en su momento lo sostuvo la Primera Sala, ya que en este supuesto el alcance de la medida cautelar sería definitivo, lo que dejaría sin materia el juicio de amparo.

Por ejemplo, en la omisión de dar respuesta a un escrito en ejercicio del derecho de petición que reconoce el artículo 8° de la CPEUM, la medida cautelar no podría tener por objeto que se dé respuesta al quejoso porque el beneficio obtenido sería definitivo. Habiéndose otorgado la medida cautelar, llegado el dictado de la sentencia no sería posible retrotraer los efectos de esa medida, ya que la respuesta habría sido otorgada en cumplimiento a la suspensión, lo que coincide exactamente con la pretensión principal del promovente.

En ese sentido se pronunció el Pleno Regional en Materia Administrativa de la Región Centro-Norte, con residencia en la Ciudad de México, en la jurisprudencia PR.A.CN. J/78 A (11a.), de rubro: "*SUSPENSIÓN PROVISIONAL EN EL JUICIO DE AMPARO INDIRECTO. ES IMPROCEDENTE CONCEDERLA PARA QUE SE DÉ RESPUESTA CUANDO SE RECLAMA VIOLACIÓN AL DERECHO DE PETICIÓN.*"[2]

---

[2] Registro digital: 2028448.

En cambio, tratándose del lanzamiento ejecutado, la medida cautelar permitiría que se restablezca provisionalmente al quejoso en la posesión del bien inmueble, similar a lo que sucedería con una sentencia de amparo, pero este beneficio podría ser revocado de no obtener una resolución favorable, a efecto de que el quejoso entregue nuevamente el bien inmueble. En este caso, si bien podría existir un efecto restitutorio, éste es transitorio y no definitivo, ya que la sentencia de amparo puede retrotraer la restitución obtenida con la medida cautelar, como en su momento también lo resolvió la Primera Sala de la SCJN.

En conclusión, considero que existe un criterio uniforme de las Salas de la SCJN al señalar, como regla general, que la suspensión de los actos reclamados sí puede tener efectos restitutorios, con la limitante de que ese alcance sea provisional y no definitivo.

La pregunta que surge entonces es si una eventual medida cautelar puede tener efectos restitutorios definitivos, al grado de dejar sin materia el juicio de amparo. Me parece que la respuesta es positiva, dependiendo de las circunstancias particulares del caso. La propia SCJN ha reconocido, de manera implícita, que existe esa posibilidad.

En los asuntos en los que se reclamó la omisión de administrar la vacuna contra el virus SARS-CoV-2 a la población adolescente de 12 y 17 años de edad, el Pleno de la SCJN resolvió que la omisión de aplicar las vacunas autorizadas por la Comisión Federal para la Protección contra Riesgos Sanitarios (COFEPRIS) coloca a la persona no vacunada en una situación de riesgo de contagio y, en caso de enfermarse, resultaría físicamente imposible restituir el derecho afectado (derecho a la salud), ya que con independencia de que la persona resulte asintomática o se cure nada restituirá el tiempo que padeció la enfermedad y, en su caso, sus secuelas.

Este criterio quedó contenido en la jurisprudencia P./J. 6/2022 (11a.), de rubro: *"SUSPENSIÓN EN EL JUICIO DE AM-*

PARO. DEBE TRAMITARSE OFICIOSAMENTE EN LA VÍA INCIDENTAL CUANDO SE SOLICITA PARA EL EFECTO DE QUE SE APLIQUE LA VACUNA CONTRA EL VIRUS SARS-CoV-2 A ADOLESCENTES DE ENTRE DOCE Y DIECISIETE AÑOS DE EDAD."[3]

Al resolver este asunto, la SCJN -sin decirlo expresamente- reconoció la posibilidad de que la medida cautelar pueda tener efectos restitutorios definitivos, ya que su otorgamiento coincidía exactamente con la pretensión principal del promovente, esto es, que se le administrara la vacuna; sin embargo, lo justificó en el hecho de que de no otorgar la medida cautelar, la violación alegada se tornaría irreparable, pues llegado el momento de la sentencia no se podría restituir al quejoso el tiempo que padeció la enfermedad y sus posibles secuelas.

En ese sentido, creo que si bien la regla general que subyace en la jurisprudencia de la SCJN es en el sentido de que la suspensión de los actos reclamados sí puede tener efectos restitutorios, con la limitante de que ese alcance sea provisional y no definitivo, me parece que existe una excepción que podría derivarse del criterio sustentado por el Pleno, esto es, que de no conceder la medida cautelar se torne imposible restituir físicamente al quejoso en el goce del derecho violado.

En efecto, existen escenarios en los que una medida cautelar puede dejar sin materia el juicio de amparo porque su efecto coincide con la pretensión principal del quejoso, pero que, al mismo tiempo, de no concederla el juicio de amparo, quedaría sin materia, ya que una eventual sentencia de amparo no podría restituir físicamente al quejoso en el goce del derecho que aduce violado. En estos casos, el juicio de amparo, por una u otra razón, está destinado a quedar sin materia.

---

[3] *Registro digital:* 2025292.

Me parece que frente a estos supuestos, excepcionalmente podría concederse la medida cautelar con efectos restitutorios definitivos, aun cuando el juicio de amparo quede sin materia, ya que ante la disyuntiva de cuál será la razón que genere esa consecuencia (una medida cautelar o la imposibilidad de restituir al quejoso en el goce del derecho violado) debe optarse por la interpretación más favorable al quejoso, que privilegia el acceso a una justicia cautelar que se deriva del derecho de acceso a la justicia que reconocen los artículos 17 de la CPEUM y 25 de la CADH. Esto es, debe optarse por proteger el derecho más que el proceso del juicio de amparo en sí mismo.

Recuerdo un asunto que se promovió hace casi 20 años en un juzgado de Distrito en San Luis Potosí, en el que se reclamó la orden de clausurar un espectáculo público que tendría lugar dos días después de que se presentó la demanda. En este caso, el juez de Distrito se enfrentó a la siguiente disyuntiva: de conceder la medida cautelar para que no se ejecutara la orden la clausura quedaría sin materia el juicio de amparo porque coincidía exactamente con la pretensión principal del promovente (celebrar el espectáculo público) y negarla bajo el argumento de que se darían efectos restitutorios definitivos a la medida cautelar también quedaría sin materia el juicio, pues llegado el momento de dictar sentencia no habría forma de restituir al quejoso en el goce del derecho vulnerado, debido a que la fecha del evento ya había transcurrido. En este caso, se optó por la primera solución, condicionando la eficacia de la medida cautelar a que se cumpliera con las normas que regulaban el desarrollo de espectáculos públicos y las medidas de protección civil correspondientes.

Otro caso que me tocó resolver como juez de Distrito en materia administrativa fue el relativo a la omisión de las autoridades de un centro de reinserción social de realizar las acciones tendientes a practicar una cirugía a un interno que había sido prescrita por su médico tratante. En este caso, la medida cautelar tuvo por objeto ordenar la realización de la cirugía, lo cual coincidía exactamente con la pretensión del quejoso, lo que a la postre dejaría sin materia el juicio, pero de no concederla, impediría restituirlo físicamente en el goce del derecho a la salud durante todo el tiempo que aquélla no fuera practicada, con las consecuencias que eso producía, lo que además ponía en riesgo su vida.

Debo destacar que existen casos que pueden dar lugar a confusión, ya que parecería que la medida cautelar tiene efectos restitutorios definitivos porque son muy parecidos a los de una sentencia de fondo, pero en realidad son transitorios. Por ejemplo, cuando se reclama la omisión de prestar atención médica o de proporcionar medicamentos recetados por un médico tratante. En ambos casos, el efecto de la suspensión permite al quejoso acceder a los tratamientos o a los medicamentos necesarios para enfrentar su padecimiento, pero eso no deja sin materia el juicio, pues la eventual sentencia concesoria reconocería no sólo el derecho a recibir la atención médica o el suministro de medicamentos durante la sustanciación del juicio, sino también que pudiera hacerlo en lo subsecuente.

Recuerdo también algún asunto en el que una quejosa solicitó la medida cautelar para que se le permitiera importar medicamentos recetados por su médico tratante a base de cannabidiol (CDB), con la finalidad de mitigar el dolor que le producía un tumor cancerígeno. La autoridad sanitaria le había negado la importación con el argumento de que en la legislación respectiva estaba prohibido su uso. En este caso, concedí la suspensión para que se le permitiera importar dichos medicamentos, lo cual no dejó sin materia el juicio, pues la sentencia de amparo podría reconocer el derecho de la quejosa a importar los medicamentos durante la tramitación del juicio, pero también a que pudiera hacerlo en lo subsecuente.

Finalmente, debe destacarse que cuando sea procedente la suspensión con efectos restitutorios definitivos, esto puede tener dos consecuencias. La primera, es la improcedencia del juicio, ya sea sobreseer en el juicio de amparo fuera de la audiencia constitucional o en la sentencia, debido a que al haberse satisfecho enteramente la pretensión del promovente no existe materia sobre la cual decretar la medida cautelar, lo que derivaría en la cesación de los efectos del acto reclamado. La segunda, es la posibilidad de dictar la sentencia de fondo, en la que se reconozca la inconstitucionalidad del acto reclamado que fue materia de la medida cautelar.

Como hemos visto en estas líneas, la SCJN ha ido moldeando el tema de los efectos restitutorios en la suspensión de manera progresiva. Las salas han sido consistentes en señalar -como regla general- que la suspensión de los actos reclamados sí puede tener efectos restitutorios, con la limitante de que ese alcance sea provisional y no definitivo. De igual forma, me parece que podemos derivar que excepcionalmente podría tener efectos restitutorios definitivos cuando, de no concederse, no pueda restituirse físicamente al quejoso en el goce del derecho que aduce vulnerado.

IV. Los requisitos de procedencia de la suspensión

El artículo 107, fracción X, de la CPEUM establece que los actos reclamados en el juicio de amparo podrán ser objeto de suspensión, en los casos y mediante las condiciones que determine la ley reglamentaria. De esta manera, en la Ley de Amparo se reguló lo relativo a la suspensión del acto reclamado.[1]

El artículo 125 de Ley de Amparo tiene una primera clasificación. Este precepto señala que la suspensión se decretará de oficio o a petición del quejoso. De oficio se refiere a que la medida cautelar se decreta sin necesidad de que medie una solicitud, en oposición a la que se dicta cuando la pide la parte quejosa.

En el artículo 126 se establecen los supuestos en que la medida cautelar se decretará de oficio y de plano. De plano se refiere a que para su otorgamiento no debe mediar audiencia previa de las partes o trámite alguno. Esto explica por qué se decreta sin que se haya admitido a trámite la demanda y que el pronunciamiento se realice en el cuaderno principal sin necesidad de abrir un incidente. El artículo señala cuáles son los actos que ameritan un pronunciamiento de oficio y de plano.[2]

---

1 Sección Tercera (de la normatividad de amparo indirecto).

2 Actos que importen peligro de privación de la vida, ataques a la libertad personal fuera de procedimiento, incomunicación, deportación o expulsión, proscripción o destierro, extradición, desaparición forzada de personas, los prohibidos por el artículo 22 de la Constitución, así como la incorporación forzosa al Ejército, Armada o Fuerza Aérea.

En el artículo 127 se establece un supuesto especial para el caso de la suspensión. Al respecto, señala que la medida cautelar se decretará de oficio y se sujetará al trámite previsto para la suspensión a petición de parte, tratándose de dos supuestos: *i)* extradición; y, *ii)* cualquier otro acto que, de llegar a consumarse, haría imposible restituir al quejoso en el goce del derecho reclamado.[3]

En este último precepto encontramos algunas cuestiones relevantes. La primera es que respecto de un mismo acto reclamado (extradición) la Ley establece dos formas diferentes de tramitar la suspensión. Recordemos que el artículo 126 señala que en estos casos se decreta de oficio y de plano; mientras que el 127 establece que será de oficio, pero que seguirá el trámite de la suspensión a petición de parte. Esto ha ameritado distintas interpretaciones. Al respecto, considero que, en este caso, debería optarse por la aplicación del artículo 126 que resulta más favorable al quejoso, principalmente en cuanto al trámite.

La segunda cuestión relevante es que establece la procedencia de la suspensión de oficio, pero con el trámite que corresponde a una suspensión a petición de parte. Esto representa una problemática adicional, pues implica que la medida cautelar deba decretarse sin que medie una solicitud, pero que deba abrirse un incidente de suspensión.

---

3 Artículo 127. El incidente de suspensión se abrirá de oficio y se sujetará en lo conducente al trámite previsto para la suspensión a instancia de parte, en los siguientes casos: I. Extradición y II. Siempre que se trate de algún acto que, si llegare a consumarse, haría físicamente imposible restituir al quejoso en el goce del derecho reclamado.

En los supuestos mencionados en el artículo 127, fracción II, de la Ley de Amparo, es común, sino es que la regla general, que las demandas se promuevan por una persona distinta del quejoso. Esto porque la mayoría de los actos reclamados que cumplen con las características allí mencionadas impiden que aquél pueda comparecer personalmente.[4]

Por eso resulta cuestionable -al menos procesalmente- abrir un incidente respecto de una demanda que no ha sido admitida y que podría tenerse por no presentada en caso de no ratificarse, con el inconveniente de tener abierto un incidente de suspensión.[5]

Considero que los dos supuestos previstos en el artículo 127 deberían tramitarse conforme a las reglas del artículo 126, esto es, de oficio y de plano, pues además de que su aplicación resulta más favorable para los justiciables, guarda congruencia con el trámite del juicio de amparo, lo que permitirá solamente abrir el incidente de suspensión cuando la demanda de amparo haya sido admitida.[6]

Fuera de los supuestos previstos en las disposiciones analizadas previamente, el artículo 128 de la Ley de Amparo establece dos requisitos para el otorgamiento de la suspensión a petición de parte: *i)* que la haya solicitado la parte quejosa; y, *ii)* que no se

---

4 Los actos a que se refiere el artículo 126 de la Ley de Amparo comparten las mismas características a que se refiere la fracción II del artículo 127. En ambos casos, de llegar a ejecutarse, haría imposible restituir al quejoso en el goce del derecho reclamado.

5 En materia administrativa encontramos algunos supuestos como los arrestos administrativos o las demandas por omisión en prestar atención médica. En ambos casos, los actos no están previstos en el artículo 126, pero de llegar a materializarse sería imposible restituir al quejoso en el goce del derecho vulnerado.

6 Así se ha procedido en un gran número de casos en los juzgados de distrito en materia administrativa de la Ciudad de México.

siga perjuicio al interés social ni se contravengan disposiciones de orden público.[7]

Estos requisitos no deben analizarse de manera aislada, sino de forma sistemática con lo que establece el artículo 107, fracción X, de la CPEUM, que dispone que los actos reclamados podrán ser objeto de suspensión. Por eso es un presupuesto indispensable que el acto reclamado sea cierto -al menos presuntivamente- para que exista materia sobre la cual decretar la medida cautelar.

La norma constitucional también establece que cuando la naturaleza del acto lo permita se deberá realizar un análisis ponderado de la apariencia del buen derecho y del interés social. Por su parte, en el artículo 138 de la Ley se contempla una norma similar, según la cual el órgano jurisdiccional debe realizar un análisis ponderado de la apariencia del buen derecho, la no afectación del interés social y la no contravención de disposiciones de orden público.[8]

La interpretación de los requisitos constitucionales y legales mencionados permitiría establecer un test conforme al cual podrían analizarse los requisitos que -por regla general- deberían considerarse para el otorgamiento de la medida cautelar.

El test podría integrarse de la siguiente forma: *1)* la certeza de los actos reclamados; *2)* la solicitud del quejoso; y, *3)* que no se siga perjuicio al interés social ni se contravengan disposicio-

---

7 Artículo 128. Con excepción de los casos en que proceda de oficio, la suspensión se decretará, en todas las materias, salvo las señaladas en el último párrafo de este artículo, siempre que concurran los requisitos siguientes: I. Que la solicite el quejoso y II. Que no se siga perjuicio al interés social ni se contravengan disposiciones de orden público. La suspensión se tramitará en incidente por separado y por duplicado.

8 Artículo 138. Promovida la suspensión del acto reclamado el órgano jurisdiccional deberá realizar un análisis ponderado de la apariencia del buen derecho, la no afectación del interés social y la no contravención de disposiciones de orden público…

nes de orden público, de manera paralela con la apariencia del buen derecho; y, 4) la naturaleza de los actos reclamados. Analizaremos cada uno de esos requisitos, conforme a los criterios establecidos por la SCJN.

Por lo que hace al requisito 1), relativo a la certeza de los actos reclamados, se ha establecido que ésta se acredita con las manifestaciones que, bajo protesta de decir verdad, realiza la parte quejosa en su demanda. Así lo estableció la Segunda Sala, en la jurisprudencia: 2a./J. 5/93, que lleva por rubro: *"SUSPENSIÓN PROVISIONAL. PARA DECIDIR SOBRE SU PROCEDENCIA, DEBE ATENDERSE A LAS MANIFESTACIONES DEL QUEJOSO RESPECTO DE LA CERTIDUMBRE DEL ACTO RECLAMADO."*[9] Naturalmente, para la suspensión definitiva se podrá contar con mayores elementos, como los informes previos y las pruebas que hayan sido admitidas.

Respecto del requisito señalado en el inciso 2), relativo a que la medida cautelar la haya solicitado el quejoso, cabe mencionar que no se refiere a la petición formal que se hace en la demanda de amparo. Es claro que, al abrirse el incidente de suspensión, la parte quejosa realizó esa solicitud. Este requisito se refiere a la necesidad de acreditar lo que la SCJN ha denominado como: "interés suspensional".

Para establecer qué debemos entender por interés suspensional, es importante mencionar que el artículo 5 establece que el quejoso es quien aduce ser titular de un derecho subjetivo o de un interés legítimo individual o colectivo.[10] De esta manera, al

---

9 Registro digital: 206395.

10 Artículo 5°. Son partes en el juicio de amparo: I. El quejoso, teniendo tal carácter quien aduce ser titular de un derecho subjetivo o de un interés legítimo individual o colectivo, siempre que alegue que la norma, acto u omisión reclamados violan los derechos previstos en el artículo 1° de la presente ley y con ello se produzca una afectación real y actual a su esfera jurídica, ya sea de manera directa o en virtud de su especial situación frente al orden jurídico.

establecer que es un requisito para el otorgamiento de la suspensión la solicitud del quejoso, se refiere no sólo a la petición de que se conceda la medida, sino al acreditamiento indiciario de que quien la solicita se ubica en los supuestos a que se refiere el citado precepto.

Así lo estableció la Primera Sala de la SCJN en la jurisprudencia 1a./J. 98/2013 (10a.), de rubro: *"SUSPENSIÓN DEL ACTO RECLAMADO. AUN CUANDO OPERE LA PRESUNCIÓN DE SU EXISTENCIA, EN TÉRMINOS DEL PÁRRAFO TERCERO DEL ARTÍCULO 132 DE LA LEY DE AMPARO, PARA ACREDITAR LOS REQUISITOS DE LAS FRACCIONES I Y III DEL ARTÍCULO 124 DE ESE MISMO ORDENAMIENTO, DEBE DEMOSTRARSE, AUNQUE SEA INDICIARIAMENTE, QUE TAL ACTO AGRAVIA AL QUEJOSO (LEGISLACIÓN VIGENTE HASTA EL 2 DE ABRIL DE 2013)."*[11]

El requisito precisado en el inciso 3) supone el análisis de distintos elementos. En principio, que no se siga perjuicio al interés social ni se contravengan disposiciones de orden público. En el artículo 129 de la Ley de Amparo se establecen diversas hipótesis que, entre otros casos, se consideran que actualizan un perjuicio al interés social o contravendrían disposiciones de orden público.[12]

---

[11] Registro digital: 2005049. Es importante precisar que la aplicación de dicha jurisprudencia sólo es por cuanto a la interpretación que hace de la fracción I del artículo 124 de la Ley de Amparo abrogada, de contenido similar al contenido del artículo 128, fracción I, de la ley vigente, ya que, conforme con esta última legislación, el acreditamiento de los daños y perjuicios de difícil reparación no constituye un requisito para el otorgamiento de la medida cautelar.

[12] Artículo 129. Se considerará, entre otros casos, que se siguen perjuicios al interés social o se contravienen disposiciones de orden público, cuando, de concederse la suspensión: I. Continúe el funcionamiento de centros de vicio o de lenocinio, así como de establecimientos de juegos con apuestas o sorteos; II. Continúe la producción o el comercio de narcóticos; III. Se permita la consumación o continuación de delitos o de sus efectos; IV. Se permita el alza de pre-

El listado del artículo 129 tenía para el juzgador un fin meramente orientador, con carácter enunciativo y no limitativo. Esto tuvo un cambio significativo con la reforma a la Ley de Amparo, aprobada por la Cámara de Diputados, como cámara revisora,

---

cios en relación con artículos de primera necesidad o de consumo necesario; V. Se impida la ejecución de medidas para combatir epidemias de carácter grave o el peligro de invasión de enfermedades exóticas en el país; VI. Se impida la ejecución de campañas contra el alcoholismo y la drogadicción; VII. Se permita el incumplimiento de las órdenes militares que tengan como finalidad la defensa de la integridad territorial, la independencia de la República, la soberanía y la seguridad nacional y el auxilio a la población civil, siempre que el cumplimiento y la ejecución de aquellas órdenes estén dirigidas a quienes pertenecen al régimen castrense; VIII. Se afecten intereses de menores o incapaces o se les pueda causar trastorno emocional o psíquico; IX. Se impida el pago de alimentos; X. Se permita el ingreso en el país de mercancías cuya introducción esté prohibida en términos de ley o bien se encuentre en alguno de los supuestos previstos en el artículo 131, párrafo segundo, de la Constitución Política de los Estados Unidos Mexicanos; se incumpla con las normas relativas a regulaciones y restricciones no arancelarias a la exportación o importación, salvo el caso de las cuotas compensatorias, las cuales se apegarán a lo regulado en el artículo 135 de esta ley; se incumpla con las normas oficiales mexicanas; se afecte la producción nacional; XI. Se impidan o interrumpan los procedimientos relativos a la intervención, revocación, liquidación o quiebra de entidades financieras, y demás actos que sean impostergables, siempre en protección del público ahorrador para salvaguardar el sistema de pagos o su estabilidad; XII. Se impida la continuación del procedimiento de extinción de dominio previsto en el párrafo segundo del artículo 22 de la Constitución Política de los Estados Unidos Mexicanos. En caso de que el quejoso sea un tercero ajeno al procedimiento, procederá la suspensión; XIII. Se impida u obstaculice al Estado la utilización, aprovechamiento o explotación de los bienes de dominio directo referidos en el artículo 27 de la Constitución Política de los Estados Unidos Mexicanos. El órgano jurisdiccional de amparo excepcionalmente podrá conceder la suspensión, aun cuando se trate de los casos previstos en este artículo, si a su juicio con la negativa de la medida suspensional pueda causarse mayor afectación al interés social.

en abril de 2024. En virtud de esa reforma fue derogado el último párrafo de ese artículo. Con ello se elimina la facultad discrecional de valorar en cada caso concreto y según sus particularidades, la afectación al interés social y al orden público.

La reforma implica no reconocer que cada asunto tiene, en amparo, sus propias particularidades, que deben ser analizadas por el juzgador casuísticamente al momento de otorgar o de denegar la suspensión del acto reclamado, privilegiando, en todo momento, la conservación de la materia del amparo y la no causación de daños de difícil o de imposible reparación para el quejoso. De cualquier modo, el quejoso, ante la negativa del juzgador, por falta de facultades legales, puede interponer el recurso correspondiente, haciendo valer la inconstitucionalidad e inconvencionalidad de la mencionada derogación, en la medida que le cause agravio. En este sentido, el tema está aún por definirse, máxime que pueden interponerse otros mecanismos de control constitucional para impugnar esa reforma.

Establecido lo anterior, podemos señalar que la Segunda Sala de la SCJN ha sostenido que se produce esa afectación cuando con la medida cautelar se priva a la colectividad de un beneficio que le otorgan las leyes o se le infiere un daño que de otra manera no resentiría. Así lo estableció en la tesis de rubro: *"INTERÉS SOCIAL Y DISPOSICIONES DE ORDEN PÚBLICO. SU APRECIACIÓN."*[13]

Estos elementos, aunque parecerían vagos e imprecisos, obligan al juzgador de amparo a exponer razonadamente los motivos que justifican o no su actualización. Y los valores antes mencionados deben ser analizados de manera paralela con la apariencia del buen derecho, es decir, con la posible inconstitucionalidad del acto reclamado, lo que implica realizar un análisis de verosimilitud del derecho cuestionado para que al pronunciarse sobre la medida cautelar pueda adelantarse que

---

13 Registro digital: 818680.

el acto reclamado podrá ser declarado inconstitucional en la sentencia.

En lo que se refiere al requisito señalado en el inciso 4), como quedó precisado en el capítulo segundo, la Primera Sala ha sostenido que la naturaleza de los actos reclamados no es un factor que determine en automático si se debe conceder o negar la suspensión, sino que deben analizarse las consecuencias que caso a caso pueden producir.[14]

Recordemos que las medidas cautelares en el juicio de amparo incluyen tanto la paralización de los efectos y las consecuencias de los actos reclamados, como la restitución provisional de los derechos afectados. Es decir, pueden impedir que el acto se materialice (medidas conservativas), así como el restablecimiento al quejoso en el goce del derecho afectado (tutela anticipada).

Por eso la naturaleza de los actos reclamados es intrascendente para determinar si es o no procedente la medida cautelar. En realidad, la relevancia que tiene es única y exclusivamente para determinar qué tipo de medidas podrían adoptarse: *i)* la paralización de un acto; o, *ii)* la restitución provisional de un derecho. En este último supuesto será necesario analizar que la medida cautelar no coincida "exactamente" con la pretensión principal del promovente, esto es, que se puedan retrotraer con motivo de la sentencia de amparo.

En este punto estimo conveniente destacar que bajo la vigencia de la Ley de Amparo abrogada, el artículo 124 establecía como requisito para el otorgamiento de la suspensión, que se acreditaran los daños y perjuicios de difícil reparación que se le ocasionaran al quejoso con la ejecución del acto reclamado; sin embargo, en la legislación vigente, particularmente en

[14] Así se advierte de la jurisprudencia 1a./J. 70/2019, de rubro: "SUSPENSIÓN. LA NATURALEZA OMISIVA DEL ACTO RECLAMADO NO IMPIDE SU PROCEDENCIA". Registro digital: 2021263.

el artículo 128, ya no se contempló ese requisito, de manera que no puede ser exigido para el otorgamiento de la medida cautelar, cuando el quejoso alega tener interés jurídico.

Así lo estableció el Pleno de la SCJN, en la jurisprudencia P./J. 19/2020 (10a.), de rubro: *"SUSPENSIÓN A PETICIÓN DE PARTE. LA ACREDITACIÓN DE DAÑOS Y/O PERJUICIOS DE DIFÍCIL REPARACIÓN CON MOTIVO DE LA EJECUCIÓN DEL ACTO RECLAMADO NO ES UN REQUISITO PARA QUE SE OTORGUE CUANDO EL QUEJOSO ALEGA TENER INTERÉS JURÍDICO."*[15]

Por otra parte, en el artículo 131 de la Ley se establece una norma específica, aplicable a la suspensión de los actos reclamados en los que la parte quejosa alegue un interés legítimo, según el cual se concederá la suspensión cuando concurran los siguientes elementos: *i)* que la parte quejosa acredite el daño inminente e irreparable a su pretensión; y, *ii)* que se acredite el interés social que justifique su concesión.

En esta norma especial encontramos dos aspectos relevantes. El primero es que el daño inminente e irreparable no debe acreditarse de manera plena, sino que basta que éste sea indiciario. Así lo estableció la Segunda Sala de la SCJN en la jurisprudencia 2a./J. 61/2016 (10a.), de rubro: *"INTERÉS LEGÍTIMO. PARA EL OTORGAMIENTO DE LA SUSPENSIÓN PROVISIONAL EN TÉRMINOS DEL ARTÍCULO 131 DE LA LEY DE AMPARO, BASTA QUE EL QUEJOSO LO DEMUESTRE DE MANERA INDICIARIA".*[16] El segundo es que establece una regla opuesta a la que prevé el artículo 128. Mientras en éste se prevé que el otorgamiento de la medida cautelar no debe afectar el interés social, el artículo 131 requiere demostrar justamente lo contrario, esto es, que exista un interés social que justifique su otorgamiento.

---

15 Registro digital: 2022619.

16 Registro digital: 2011840.

Lo anterior se explica porque en la mayoría de estos casos en que se concede una suspensión donde se aduce un interés legítimo, la medida cautelar puede contemplar a otras personas que no la solicitaron. De ahí que la norma siempre busca anteponer el interés social más allá del beneficio que le pudiera reportar al quejoso en lo individual.

Finalmente, debe precisarse que en los casos en que la medida cautelar es procedente, será preciso analizar si es necesario exigir algún requisito de eficacia, conforme a los supuestos establecidos en los artículos 132 y 135 de la Ley. Ya sea que con su otorgamiento se le pueda ocasionar daños y perjuicios a un tercero o que sea necesario garantizar el interés fiscal, respectivamente.

La Primera Sala de la SCJN ha sostenido que la suspensión surte sus efectos desde luego, esto es, desde el momento en que se dicta, incluso si no ha sido notificada[17] (aspecto que analizaremos con mayor profundidad en el capítulo décimo) pero con fundamento en el artículo 136, dejará de hacerlo si la quejosa no exhibe dentro del plazo de cinco días la garantía fijada (lo cual examinaremos en el siguiente capítulo).

---

[17] Así lo estableció en la jurisprudencia 1a./J. 33/2014, de rubro: "SUSPENSIÓN EN EL JUICIO DE AMPARO. SURTE SUS EFECTOS AL DECRETARSE Y NO AL NOTIFICARSE". Registro digital: 2006797.

V. Los requisitos de eficacia en la suspensión

Existen dos elementos que deben considerarse sobre la medida cautelar: *i)* los requisitos de procedencia, que son las condiciones que deben reunirse para que surja la obligación jurisdiccional de conceder la suspensión y que han sido materia de análisis en el capítulo previo; y, *ii)* los requisitos de eficacia, que son las condiciones que el quejoso debe satisfacer para que surta efectos la medida cautelar concedida.

Originalmente el juicio de amparo no contemplaba requisitos de eficacia para que surtiera efectos la suspensión. En la Ley de 1882 se estableció, por primera vez, que "en caso de duda" si la suspensión sólo producía perjuicios estimables en dinero, el quejoso debía otorgar fianza para reparar los daños que se causaran con la suspensión. Con posterioridad, la legislación de la materia siguió delineando esta institución.

La contragarantía, en cambio, es de creación más reciente. No se estableció sino hasta la Ley de Amparo de 1936. Su artículo 126 determinó que, otorgada la suspensión, ésta quedaría sin efectos si el tercero daba a su vez caución bastante para restituir las cosas al estado que guardaban antes de la violación de garantías y pagar los daños y perjuicios que sobrevinieran al quejoso en el caso de que se le concediera el amparo. Al igual que lo hace la Ley de Amparo vigente, señaló los costos que debería comprender.

Tanto en amparo indirecto como en amparo directo es factible que el juzgador exija garantía como requisito de eficacia de la medida cautelar solicitada; también es posible que se puedan generar los supuestos para otorgar una contragarantía.

LA GARANTÍA EN AMPARO INDIRECTO

El artículo 132 de la ley de la materia establece que, en los casos en que sea procedente la suspensión, pero su otorgamiento pueda ocasionar un daño o un perjuicio a un tercero, el quejoso deberá otorgar garantía bastante para reparar los daños y perjuicios que se causaren, si no obtuviera sentencia favorable. Para efectos del presente artículo, analizaremos qué debe entenderse por "daños" y "perjuicios".

La Ley de Amparo no establece el alcance de estos conceptos. Ante ello, es necesario acudir al Código Civil Federal, que en su artículo 2108 dispone que por *daños* se entiende la *pérdida o menoscabo* sufrido en el patrimonio por la falta de cumplimiento de una obligación.[1] En tanto que el artículo 2109 señala que se reputa *perjuicios* la *privación de cualquier ganancia lícita* que debiera haberse obtenido con el cumplimiento de una obligación.

Con base en estos conceptos, el Pleno de la SCJN fijó su alcance para los efectos de la suspensión en amparo. Al respecto estableció que los *daños y perjuicios* ocasionados por el otorgamiento de la medida cautelar están representados por la pérdida o el menoscabo que al tercero le ocasionaría no disponer, durante el tiempo que dure el juicio, de las prerrogativas que le confiere la sentencia o laudo reclamado, si se trata de una cantidad líquida.

Este criterio quedó contenido en la jurisprudencia P./J. 71/2014 (10a.), de rubro: *"DAÑOS Y PERJUICIOS. FORMA DE FIJAR EL MONTO DE LA GARANTÍA POR ESOS CONCEPTOS AL*

---

[1] El artículo 1° del Código Civil Federal estatuye que las disposiciones de ese código rigen en toda la República en asuntos del orden federal.

CONCEDERSE LA SUSPENSIÓN EN EL JUICIO DE AMPARO CUANDO SE RECLAMA UNA CANTIDAD LÍQUIDA."[2]

En la misma jurisprudencia precisó que el *daño* radica en la pérdida del poder adquisitivo en relación con dicha cantidad, en el lapso probable que tardaría la resolución del juicio. Esto es, el poder adquisitivo se genera o se demerita en función de la inflación en el país, dato que es posible advertir y cuantificar mediante el *índice nacional de precios al consumidor* que se publica mensualmente en el *Diario Oficial de la Federación (DOF)*. Enseguida puntualizó que, para calcular los posibles daños, deberá tomarse como referencia el porcentaje inflacionario del tiempo que el juzgador considera podría durar el juicio.

En la jurisprudencia se estableció que los *perjuicios* son las ganancias lícitas que obtendría el tercero de tener bajo su dominio el monto de la condena durante el tiempo estimado por el juzgador para la resolución del juicio, el cual equivale al rendimiento que en el mismo plazo produciría el citado monto, conforme a una tasa de interés que refleje el valor del dinero. Ese parámetro sería la *tasa de interés interbancaria de equilibrio* (TIIE), a plazo de 28 días, que puede constatarse en la publicación que se hace en el *DOF.*

El artículo 132 de la Ley de Amparo determina, en su párrafo segundo, que cuando puedan afectarse los derechos de un tercero que no sean estimables en dinero, por ejemplo, una orden de arresto dictada como medida de apremio, el órgano jurisdiccional tiene facultades para fijar discrecionalmente el monto de la garantía, lo que incluso implica que, en algunos casos, no fije garantía alguna.[3]

---

2 Registro digital: 2008219.

3 "Artículo 132

(...)

Cuando con la suspensión puedan afectarse derechos del tercero interesado que no sean estimables en dinero, el órgano jurisdiccional fijará discrecionalmente el importe de la garantía."

En ambos casos, si se trata o no de daños y perjuicios estimables en dinero, el juzgador realiza una tarea que no está exenta de discrecionalidad, pues incluso aunque puede calcularse con elementos objetivos, casi siempre es incierto el tiempo exacto que durará el juicio de amparo, a lo cual habría que aplicar de manera precisa el *índice nacional de precios al consumidor (INPC)*. Si se trata de los perjuicios, durante el trámite de la suspensión no se conoce con precisión por cuánto tiempo el tercero interesado estará privado del dominio del monto correspondiente, a lo que habría que aplicar la TIIE.

Lo anterior no quiere decir que quien reclame una afectación pueda quedar en estado de indefensión ante la posible fijación de una garantía excesiva o insuficiente pues, en todo caso, la parte que se considere afectada puede interponer los medios de defensa previstos en la ley, para inconformarse en contra de esa decisión (aspecto que analizaremos en el capítulo décimo primero).

Es importante mencionar que el artículo 7°, párrafo segundo, de la Ley de Amparo, establece que las personas morales oficiales estarán exentas de prestar la garantía que la ley exige. De manera correlativa, el artículo 137 de la misma ley dispone que la Federación, los estados, la Ciudad de México y los municipios estarán exentos de otorgar las mencionadas garantías.[4] Esta excepción se explica porque se a considerando que tales entes tienen, en principio, solvencia económica para hacer frente a las obligaciones derivadas del otorgamiento de la suspensión en caso de no obtener una sentencia favorable.

---

4 "Artículo 7.
(...)
Las personas morales oficiales estarán exentas de prestar las garantías que en esta Ley se exige a las partes."
"Artículo 137. La Federación, los Estados, el Distrito Federal y los municipios estarán exentos de otorgar las garantías que esta Ley exige."

LA CONTRAGARANTÍA EN AMPARO INDIRECTO

El artículo 133 de la ley de la materia establece un medio procesal, en beneficio del tercero interesado, para dejar sin efectos la suspensión del acto reclamado que ha sido otorgada y respecto de la cual ha sido fijada y otorgada la garantía para su eficacia. Se trata de la denominada *contragarantía*, la cual tiene que ser suficiente para restituir las cosas al estado que guardaban antes de la violación reclamada y, en forma paralela a lo exigido para la garantía, pagar los daños y perjuicios que sobrevengan al quejoso si se le concede el amparo.[5]

El propio artículo dispone los casos en que no es admisible la contragarantía. El primer caso es cuando quede sin materia el juicio de amparo. El segundo, cuando resulte difícil en extremo restituir las cosas al estado que guardaban antes de la violación. Estos supuestos, en la práctica, son muy amplios y puede decirse que, solicitada la suspensión del acto reclamado, cuando se fije y se otorgue la garantía, la fijación y la admisión de la contragarantía es y debe ser la excepción, acorde con la finalidad del juicio de amparo como medio de protección de los derechos humanos. Para la contragarantía, la ley prevé que, si los derechos no son estimables en dinero, el juzgador está facultado para fijarla discrecionalmente.

---

5 "Artículo 133. La suspensión, en su caso, quedará sin efecto si el tercero otorga contragarantía para restituir las cosas al estado que guardaban antes de la violación reclamada y pagar los daños y perjuicios que sobrevengan al quejoso, en el caso de que se le conceda el amparo.
No se admitirá la contragarantía cuando de ejecutarse el acto reclamado quede sin materia el juicio de amparo o cuando resulte en extremo difícil restituir las cosas al estado que guardaban antes de la violación. Cuando puedan afectarse derechos que no sean estimables en dinero, el órgano jurisdiccional fijará discrecionalmente el importe de la contragarantía."

A diferencia de lo establecido respecto de la garantía, la contragarantía es más específica al establecer los costos que debe cubrir. El artículo 134 dispone que: *i)* si se trata de fianza, los gastos pagados a la empresa que la haya otorgado; *ii)* si es hipoteca, los gastos legales de la escritura, así como los de la cancelación y su registro; y, *iii)* si se trata de efectivo, mediante billete depósito así como los gastos legales para constituirlo.

EL CASO ESPECIAL DE LA GARANTÍA DEL INTERÉS FISCAL

El artículo 135 de la Ley de Amparo establece que cuando el amparo se solicite contra contribuciones o créditos de naturaleza fiscal, podrá concederse discrecionalmente la suspensión, la que surtirá sus efectos si se ha constituido o se constituye la garantía del interés fiscal ante la autoridad exactora.

Esto plantea la cuestión de si este precepto es una norma especial y, por lo tanto, la garantía debe surtir efectos previo depósito del interés fiscal, o si debe interpretarse de manera conjunta con el citado artículo 136 y, por ende, la suspensión debe surtir efectos desde el momento en que se pronuncie el acuerdo correspondiente.

En la Ley de Amparo abrogada el tema estaba resuelto. En su artículo 135 establecía que cuando el amparo se pedía contra el cobro de contribuciones, podría concederse discrecionalmente la suspensión, la que surtía sus efectos *previo depósito* de la cantidad que se cobra ante la Tesorería de la Federación o de la entidad federativa o municipio correspondiente.

La Segunda Sala de la SCJN sostuvo que debían aplicarse las mismas reglas de la suspensión, respecto del momento en que debía surtir efectos la medida cautelar y, por lo tanto, debía surtir efectos desde luego, es decir, de inmediato.

Este criterio quedó contenido en la jurisprudencia 2a./J. 74/2006, de rubro: *"SUSPENSIÓN PROVISIONAL CUANDO SE RE-*

CLAMA EL COBRO DE CONTRIBUCIONES. SURTE SUS EFECTOS DE INMEDIATO, PERO SU EFECTIVIDAD ESTÁ SUJETA A QUE EL QUEJOSO EXHIBA LA GARANTÍA EN LOS TÉRMINOS SEÑALADOS POR EL JUEZ (APLICACIÓN DE LA JURISPRUDENCIA P./J. 43/2001)."[6]

En la Ley vigente se retomó la discusión en torno de este tema, ya que nuevamente se estableció en el artículo 135 que la suspensión podría concederse discrecionalmente y que surtiría sus efectos: *si se ha constituido o se constituye* garantía del interés fiscal; mientras que en el artículo 136 se establece que, cualquiera que sea su naturaleza, la suspensión surtirá sus efectos desde que se pronuncie el acuerdo respectivo.

Esta controversia llevó a que el entonces Pleno en Materia Administrativa del Primer Circuito estableciera que de la interpretación sistemática y funcional de los artículos 135 y 136 de la Ley de Amparo, que regulan tanto la suspensión provisional como la definitiva, cuando en el juicio de amparo se impugnen actos relativos a la determinación, liquidación, ejecución o cobro de contribuciones o créditos de orden fiscal, podrá concederse aquélla, suspendiendo sus efectos y las consecuencias desde el momento en que se dicta el acuerdo relativo.

El Pleno de Circuito concluyó que de condicionar la eficacia de la medida hasta en tanto se garantice el interés fiscal, se incumpliría la finalidad que persigue la suspensión de los actos reclamados, que es la de evitar el detrimento a los derechos del promovente.

Al respecto, el Pleno de Circuito emitió la jurisprudencia PC.I.A. J/63 A (10a.), de rubro: "*SUSPENSIÓN EN EL JUICIO DE AMPARO. SURTE SUS EFECTOS DESDE QUE SE DICTA EL ACUERDO RELATIVO CUANDO SE IMPUGNA EL COBRO DE*

---

6 Registro digital: 174962.

CONTRIBUCIONES, SIN QUE PARA SU EFECTIVIDAD SE REQUIERA LA EXHIBICIÓN DE LA GARANTÍA RESPECTIVA."[7]

Este criterio fue asumido también por la Segunda Sala de la SCJN. Al igual que el Pleno de Circuito, la Sala realizó una interpretación sistemática de los artículos 135 y 136 para concluir que, cuando se solicita la suspensión -provisional o definitiva- en contra de los actos de determinación, liquidación, ejecución y cobro de contribuciones o créditos fiscales, la medida cautelar surte efectos de inmediato.

La Segunda Sala determinó que el artículo 136 de la Ley de Amparo vigente es explícito al señalar que la suspensión, cualquiera que sea su naturaleza, surtirá sus efectos desde el momento en que se conceda en el acuerdo relativo. De ahí que si la ley no distingue el juzgador no debe hacerlo.

Estas consideraciones quedaron contenidas en la jurisprudencia 2a./J. 18/2021 (11a.), de rubro: *"SUSPENSIÓN EN EL JUICIO DE AMPARO. CUANDO SE SOLICITA CONTRA ACTOS QUE INVOLUCREN CONTRIBUCIONES O CRÉDITOS FISCALES, SURTE SUS EFECTOS DE INMEDIATO, PERO SU CONTINUACIÓN ESTÁ SUJETA A QUE EL QUEJOSO EXHIBA LA GARANTÍA DEL INTERÉS FISCAL MEDIANTE CUALQUIERA DE LAS FORMAS PREVISTAS LEGALMENTE QUE LE SEÑALE EL JUEZ DE DISTRITO."*[8]

Aun cuando la jurisprudencia previamente mencionada es obligatoria, considero que existen elementos para estimar que, tratándose de la garantía del interés fiscal, el requisito de eficacia puede ser válidamente considerado previo y no posterior. El artículo 135 es expreso en señalar que la medida cautelar se concederá discrecionalmente *si se ha constituido*[9] *o se constituye* esa garantía. Es decir, que estamos frente a una condición suspensiva, debido

---

7 Registro digital: 2010819.

8 Registro digital: 2023918.

9 Como en la previsión del artículo 136, fracción I.

a que el acto jurídico ya ocurrió o debe ocurrir necesariamente, como requisito de eficacia.

Por lo tanto, es factible considerar que el artículo 135 es norma especial y el artículo 136 es norma general. El artículo 2° de la Ley de Amparo indica que, a falta de disposición expresa, se aplicarán los principios generales de derecho. En el caso sería aplicable aquel que dispone que la ley especial deroga la general, razón por la cual podría prevalecer la norma especial, sin que exista antinomia, sino especialidad.[10]

Es importante destacar que el artículo 136, párrafo segundo, de la Ley de Amparo, establece que cuando no se exhiba la garantía dentro del plazo de 5 días que establece la ley para tal efecto y así lo determina el órgano jurisdiccional, la medida cautelar dejará de surtir sus efectos, ya sea que lo solicite alguna de las partes o, de oficio, así lo determine el órgano jurisdiccional. Para tal efecto, se notificará la determinación correspondiente a las autoridades responsables, quienes podrán ejecutar el acto reclamado. Esto sin perjuicio de que el quejoso pueda exhibir la garantía en un momento posterior y si la autoridad responsable no ha ejecutado el acto reclamado, la medida cautelar volverá a surtir efectos.[11]

---

[10] La Ley de Amparo es abundante en normas especiales y aun de regímenes especiales, como es el caso de los relativos a las materias penal, agraria o laboral, sin que ello demerite su función de ser un recurso efectivo (artículo 25 de la Convención Americana de los Derechos Humanos) ni su calidad de ser un instrumento procesal protector de los derechos humanos (artículos 1°, 103 y 107 constitucionales).

[11] "Artículo 136.

(...)

Los efectos de la suspensión dejarán de surtirse, en su caso, si dentro del plazo de cinco días siguientes al en que surta efectos la notificación del acuerdo de suspensión, el quejoso no otorga la garantía fijada y así lo determina el órgano jurisdiccional. Al vencimiento del plazo, dicho órgano, de oficio o a instancia de parte, lo notificará a las autoridades responsables, las que podrán ejecutar el acto reclamado. No obstante lo anterior, mientras no se ejecute, el quejoso

El artículo 135 de la legislación vigente también señala qué órgano jurisdiccional está facultado para reducir el monto de la garantía o dispensar su otorgamiento, en los siguientes casos: *i)* si realizado el embargo por las autoridades fiscales, éste haya quedado firme y los bienes del contribuyente embargados fueran suficientes para asegurar la garantía del interés fiscal; *ii)* si el monto de los créditos excediere la capacidad económica del quejoso; y, *iii)* si se tratase de tercero distinto al sujeto obligado de manera directa o solidaria al pago del crédito.

En los casos en que se niegue el amparo, cuando exista sobreseimiento o cuando por alguna circunstancia se deje sin efectos la suspensión, la autoridad responsable hará efectiva la garantía, en los casos a que se refiere el artículo 135 de la Ley de Amparo; mientras que en los supuestos del artículo 132 será necesario que el quejoso o tercero interesado promuevan el incidente de daños y perjuicios previsto en el artículo 156.[12]

Este incidente se promueve una vez concluido el juicio de amparo. Si el tercero perjudicado o el quejoso consideran -el primero en caso de que se niegue la protección constitucional y el segundo en caso de que se le conceda- que resintieron daños o perjuicios derivados de la suspensión o de la ejecución del acto reclamado, pueden promoverlo dentro del plazo de 6 meses. Este plazo se contará a partir del día siguiente a aquel en que se notifica a las partes la ejecutoria de amparo.

Así lo estableció el Pleno de la SCJN, en la jurisprudencia P./J. 20/2016 (10a.), de rubro: *"GARANTÍAS Y CONTRAGARANTÍAS EN EL INCIDENTE DE REPARACIÓN DE DAÑOS Y PERJUICIOS. EL PLAZO DE 6 MESES ESTABLECIDO EN EL AR-*

---

podrá exhibir la garantía, con lo cual, de inmediato, vuelve a surtir efectos la medida suspensional."

12 Por tratarse de un incidente que no tiene prevista una tramitación especial, debe acudirse a los artículos 66 y 67 del mismo ordenamiento que establece la forma de sustanciación incidental en general.

TÍCULO 129 DE LA LEY DE AMPARO VIGENTE HASTA EL 2 DE ABRIL DE 2013 PARA PROMOVERLO, SE COMPUTA A PARTIR DEL DÍA SIGUIENTE A AQUEL EN QUE LA SUPREMA CORTE DE JUSTICIA DE LA NACIÓN O EL TRIBUNAL COLEGIADO DE CIRCUITO NOTIFICA A LAS PARTES LA EJECUTORIA DE AMPARO."[13]

Entre los criterios relevantes que se han emitido en relación con la exhibición de una garantía para que surta efectos la medida cautelar, destaca el emitido por la Segunda Sala de la SCJN, en el que sostuvo que es necesario garantizar el interés fiscal aun ante la existencia de la apariencia del buen derecho, cuando la norma reclamada ya ha sido declarada inconstitucional. La Sala consideró que este aspecto no podía ser fundamento para dejar de observar el referido requisito legal, ya que ello podía tener incidencia en los requisitos de procedencia, pero no en los de eficacia.

Este criterio quedó contenido en la jurisprudencia 2a./J. 151/2010, de rubro: "*APARIENCIA DEL BUEN DERECHO. ESE PRINCIPIO NO ES FUNDAMENTO PARA QUE DEJE DE GARANTIZARSE EL INTERÉS FISCAL PREVISTO EN EL ARTÍCULO 135 DE LA LEY DE AMPARO PARA QUE LA SUSPENSIÓN PRODUZCA EFECTOS, CUANDO LA NORMA RECLAMADA HAYA SIDO DECLARADA INCONSTITUCIONAL POR JURISPRUDENCIA DE LA SUPREMA CORTE DE JUSTICIA DE LA NACIÓN.*"[14]

---

13 Registro digital: 2012795.

14 Registro digital: 163230.

LA GARANTÍA Y LA CONTRAGARANTÍA EN AMPARO DIRECTO

La suspensión en amparo directo se encuentra regulada en los artículos 190 y 191 de la Ley de Amparo. El primero se refiere a las materias civil, administrativa y laboral. El segundo, a la materia penal. En este último supuesto, la suspensión se concede de oficio y de plano; por lo tanto, es necesario descartar toda referencia a los requisitos de eficacia de la suspensión del acto reclamado, ya que en ese supuesto no se exige garantía alguna.

Respecto de las materias: civil, administrativa y laboral, el último párrafo del artículo 190 remite a 11 artículos de la suspensión en amparo indirecto, y entre los requisitos de operatividad y de eficacia previstos en los artículos 129, 132, 133, 134, 135, 136 y 156, los cuales ya han sido materia de análisis en líneas precedentes.

Un punto relevante se refiere a la materia laboral, cuando se trate de resoluciones dictadas por tribunales del trabajo. Al respecto, el artículo 190 establece como requisito de eficacia para el patrón que solicite la suspensión, el que no se ponga a la parte trabajadora en peligro de subsistir mientras no se resuelva el juicio de amparo (aspecto que analizaremos con mayor especificidad en el capítulo noveno, relativo a "La suspensión en amparo directo").

VI. La apariencia del buen derecho

La apariencia del buen derecho es una institución prevista en la CPEUM que permite realizar un análisis superficial sobre la constitucionalidad de los actos reclamados, para efectos de analizar la procedencia de una medida cautelar en el juicio de amparo, de tal manera que, de acuerdo con un cálculo de probabilidades, se pueda anticipar que en la sentencia de amparo se declarará la inconstitucionalidad del acto reclamado.

Esta institución ha tenido un desarrollo importante en la doctrina y la jurisprudencia mexicanas. Cabe destacar que este avance se produjo incluso antes de su reconocimiento en el texto constitucional. Fueron en realidad los tribunales de amparo quienes la implementaron y, posteriormente, el órgano reformador de la Constitución la estableció a nivel constitucional.

La doctrina nacional examinó ampliamente los antecedentes de la apariencia del buen derecho tanto en el derecho romano como en la doctrina y la legislación europea.[1] En el caso mexicano, es posible ubicar con precisión los antecedentes de

---

[1] Por ejemplo, pueden verse los casos de la antigua Roma, a través del fumus boni iuris, y de las actuales naciones de España, Alemania, Italia y Francia, en Arturo Zaldívar, op. cit., pp. 95-97.
Por su parte, en la antigua Roma y en el Derecho germánico, al igual que en los contemporáneos países de Italia, España, Francia, en Raquel Sandra Contreras López, "La Teoría Integral de la Apariencia Jurídica y la Figura de la Apariencia del Buen Derecho en la nueva Ley de Amparo, reglamentaria de los artículos 103 y 107 de la Constitución Política de los Estados Unidos Mexicanos", en Homenaje al doctor Jorge Alfredo Domínguez Martínez, México, UNAM, 2016, pp. 68-72.

esta institución a principios de la década de los noventa del siglo XX.

Uno de sus impulsores más decididos en materia de amparo fue Genaro David Góngora Pimentel. En su artículo *"La apariencia del buen derecho en la suspensión del acto reclamado"*[2] planteó dos casos resueltos por el Tercer Tribunal Colegiado en Materia Administrativa del Primer Circuito, en los que se apartó de la doctrina y de la jurisprudencia tradicionales y dio a la suspensión el trato de una medida cautelar, mediante la cual el juzgador podía convencerse provisionalmente de que el acto reclamado era ilegal o inconstitucional.[3]

Más adelante, como ministro de la SCJN, Góngora Pimentel promovió, en 2001, un proyecto vanguardista de Ley de Amparo, cuyo artículo 126, fracción III, establecía que la suspensión a petición de quejoso quedaba sujeta, entre otros requisitos, a que, *"de permitirlo la naturaleza del caso, opere a favor del quejoso la apariencia de buen derecho."*[4] Este proyecto terminaría por prosperar 10 años después, pero ahora a nivel constitucional.

---

2 La actualidad en la defensa de la Constitución, México, Suprema Corte de Justicia de la Nación-UNAM, 1997, pp. 151-173. No pueden dejarse de lado las aportaciones de Ricardo Couto, en su Tratado teórico práctico de la suspensión en el amparo. Con un estudio sobre la suspensión con efectos de amparo provisional, México, Porrúa, 1963. En particular cuando apunta, en la página 51, sobre la necesidad de que el juzgador tenga un amplio criterio para resolver sobre la suspensión, "tomando en cuenta la probable o improbable constitucionalidad del acto reclamado...".

3 El primer caso es el de un médico involucrado en una riña, al cual le fue asegurado indebidamente su departamento. El segundo, el de un militar recluido en una prisión militar, al que, ahí, privado de su libertad, se le pretendió realizar una visita domiciliaria fiscal.

4 Proyecto de la Suprema Corte de Justicia de la Nación de la Ley de Amparo, reglamentaria de los artículos 103 y 107 de la Constitución Política de los Estados Unidos Mexicanos, México, SCJN, 2001. En su "Introducción" señaló: "El estudio que hace el juez tiene, sin duda, el carácter de provisional, ya que se funda en la hipótesis de

Durante el siglo XX, un sector de la doctrina nacional se inclinó por el criterio de que al amparo no le eran aplicables las categorías de la teoría general del proceso y, por lo tanto, de las medidas cautelares; mientras que otro sector se inclinaba por el reconocimiento pleno de un proceso constitucional, lo cual tendría consecuencias para la suspensión como medida cautelar, con efectos no sólo paralizadores sino de tutela anticipada.[5] Esta segunda visión terminó por imponerse -aunque con muchas resistencias- ante los nuevos requerimientos sociales.

En la jurisprudencia mexicana, el primer antecedente lo encontramos en 1993 (octava época)[6] en una resolución del Tercer Tribunal Colegiado en Materia Administrativa del Primer Circuito. Este criterio quedó contenido en la tesis I.3o.A 125 K, de rubro: *"SUSPENSIÓN DE LOS ACTOS RECLAMADOS PROCEDE CONCEDERLA, SI EL JUZGADOR DE AMPARO SIN DEJAR DE OBSERVAR LOS REQUISITOS DEL ARTÍCULO 124 DE LA LEY DE AMPARO, CONSIDERA QUE LOS ACTOS SON APARENTEMENTE INCONSTITUCIONALES."*[7]

La ejecutoria correspondiente señaló que había innumerables ejemplos de actos presumiblemente ilegales contra los que la SCJN había estimado procedente la medida cautelar, inspirada -en palabras del Tribunal Colegiado- en el principio doctrinal *fumus boni iuris,* o apariencia de buen derecho, lo que implicaba que el derecho legítimamente tutelado de quien solicitó la suspensión existe y le pertenece, aunque sea en apariencia.

---

probabilidad y no en la certeza como ocurre en la resolución de fondo...", p.61.

5 Véase Piero Calamandrei, Introducción al estudio sistemático de las providencias cautelares, Buenos Aires, EJEA, 1945.

6 La referencia a las épocas debe entenderse respecto del Semanario Judicial de la Federación.

7 Registro digital: 213282.

Después, en 1996 (novena época), el Pleno de la SCJN resolvió la contradicción de tesis 3/95, en la que uno de los criterios contendientes era precisamente el sostenido por el mencionado Tribunal Colegiado. En su resolución, el Pleno estableció que la suspensión de los actos reclamados participa de la naturaleza de una medida cautelar, cuyos presupuestos son la apariencia del buen derecho y el peligro en la demora.

En la ejecutoria se explicó que la apariencia del buen derecho se basa en un conocimiento superficial dirigido a lograr una decisión de mera probabilidad respecto de la existencia del derecho discutido en el proceso, el que, aplicado a la suspensión de los actos reclamados, implica que, para la concesión de la medida, sin dejar de observar los requisitos contenidos en el artículo 124 de la Ley de Amparo (hoy abrogada), bastaba la comprobación de la apariencia del derecho invocada por el quejoso, de modo que, según un cálculo de probabilidades, fuera posible anticipar que en la sentencia de amparo se declararía la inconstitucionalidad del acto reclamado.

En esa ejecutoria se determinó que ese examen tenía fundamento en el artículo 107, fracción X, constitucional (hoy reformado), en cuanto establecía que para el otorgamiento de la medida suspensional era necesario tomar en cuenta, entre otros factores, la naturaleza de la violación alegada, lo que implicaba que debía atenderse al derecho que se dice violado.[8]

---

[8] El citado precepto constitucional, vigente cuando se resolvió la contradicción de tesis 3/95, establecía lo siguiente:

> "107. Todas las controversias de que habla el artículo 103 se sujetarán a los procedimientos y formas del orden jurídico que determine la ley, de acuerdo a las bases siguientes:
>
> [...]
>
> X. Los actos reclamados podrán ser objeto de suspensión en los casos y mediante las condiciones y garantías que determine la ley, para lo cual se tomará en cuenta la naturaleza de la violación alegada, la dificultad de reparación de los daños y perjuicios que pueda

De manera adicional se precisó que el citado análisis debía realizarse sin prejuzgar sobre la certeza del derecho, es decir, sobre la constitucionalidad o inconstitucionalidad de los actos reclamados, ya que esto sólo podía determinarse en la sentencia de amparo con base en un procedimiento más amplio y con mayor información, y teniendo en cuenta siempre que la determinación tomada en relación con la suspensión no debe influir en la sentencia de fondo, ya que aquélla sólo tiene el carácter de provisional y se funda en meras hipótesis, y no en la certeza de la existencia de las pretensiones.

Finalmente, se dijo que, al llevar a cabo el citado análisis, el juzgador debía tomar en cuenta los otros elementos requeridos para la suspensión, porque si el perjuicio al interés social o al orden público era mayor a los daños y perjuicios de difícil reparación que pudiera sufrir el quejoso, debería negarse la suspensión solicitada, ya que la preservación del orden público o del interés de la sociedad estaban por encima del interés particular afectado; de manera que el examen que realizara el juzgador debía quedar sujeto a las reglas que rigen en materia de suspensión.

De las consideraciones precedentes derivó la jurisprudencia P./J. 15/96, de rubro: *"SUSPENSIÓN. PARA RESOLVER SOBRE ELLA ES FACTIBLE, SIN DEJAR DE OBSERVAR LOS REQUISITOS CONTENIDOS EN EL ARTÍCULO 124 DE LA LEY DE AMPARO, HACER UNA APRECIACIÓN DE CARÁCTER PROVISIONAL DE LA INCONSTITUCIONALIDAD DEL ACTO RECLAMADO."*[9]

Este criterio se replicó en 2004 (novena época), respecto de las medidas cautelares adoptadas en controversias constitucionales. El Pleno de la SCJN consideró que excepcionalmente procede otorgar la suspensión anticipando los posibles resultados que pudieran conseguirse con la resolución de fondo que se dicte en una

---

sufrir el agraviado con su ejecución, los que la suspensión origine a terceros perjudicados y el interés público."

9 Registro digital: 200136.

controversia constitucional, cuando las particularidades del caso lleven a la convicción de que existe una razonable probabilidad de que las pretensiones del promovente tengan una apariencia de juridicidad.

Este criterio quedó plasmado en la jurisprudencia P./J. 109/2004, de rubro: *"SUSPENSIÓN EN CONTROVERSIAS CONSTITUCIONALES. PARA RESOLVER SOBRE ELLA ES FACTIBLE HACER UNA APRECIACIÓN ANTICIPADA DE CARÁCTER PROVISIONAL DE LA INCONSTITUCIONALIDAD DEL ACTO RECLAMADO (APARIENCIA DEL BUEN DERECHO Y PELIGRO EN LA DEMORA)."*[10]

Más tarde, en 2009 (novena época), la Segunda Sala de la SCJN, al resolver la contradicción de tesis 31/2007-PL, estableció que en el juicio de amparo indirecto la apariencia del buen derecho debía analizarse de manera simultánea con la posible afectación que pudiera ocasionarse al orden público o al interés social con la suspensión del acto reclamado, de conformidad con el artículo 124, fracción II, de la Ley de Amparo. Esto al no ser posible considerar aisladamente que un acto pudiera tener un vicio de inconstitucionalidad sin compararlo de manera inmediata con el orden público que pueda verse afectado con su paralización, y sin haberse satisfecho previamente los demás requisitos legales para el otorgamiento de la medida.

De la citada ejecutoria derivó la jurisprudencia 2a./J. 204/2009, de rubro: *"SUSPENSIÓN. PARA DECIDIR SOBRE SU OTORGAMIENTO EL JUZGADOR DEBE PONDERAR SIMULTÁNEAMENTE LA APARIENCIA DEL BUEN DERECHO CON EL PERJUICIO AL INTERÉS SOCIAL O AL ORDEN PÚBLICO."*[11]

---

[10] Registro digital: 180237.

[11] Registro digital: 165659.

Con base en el criterio anterior, surgió la obligación de los juzgadores de amparo de analizar la apariencia del buen derecho al mismo tiempo que se llevaba a cabo el análisis de la posible afectación que pudiera ocasionarse al orden público o al interés social, como requisito legal para conceder la suspensión de los actos reclamados.

Mediante decreto publicado en el *DOF* el 6 de junio de 2011[12] se reformó, entre otras disposiciones, el artículo 107, fracción X, de la CPEUM, para incorporar los criterios que había establecido la SCJN en relación con la apariencia del buen derecho, como elemento que se debe considerar al pronunciarse sobre la suspensión de los actos reclamados.[13]

En esa disposición constitucional quedó consignado expresamente que los actos reclamados en el juicio de amparo podrán ser objeto de suspensión en los casos y mediante las condiciones que determine la ley reglamentaria, para lo cual el órgano jurisdiccional de amparo, cuando la naturaleza del acto lo permita, debe

---

12 Esta reforma constitucional, junto con la de derechos humanos del 10 de junio de 2011, marcó el inicio de la décima época del Semanario Judicial de la Federación.

13 En la exposición de motivos de la reforma constitucional se dijo lo siguiente: "Suspensión del acto reclamado. En materia de suspensión del acto reclamado se propone establecer el marco constitucional a fin de prever un sistema equilibrado que permita que la medida cautelar cumpla cabalmente con su finalidad protectora, y al mismo tiempo cuente con mecanismos que eviten y corrijan los abusos que desvíen su objetivo natural. Para tal efecto, se privilegia la discrecionalidad de los jueces consagrando expresamente como elemento a considerar para el otorgamiento de la suspensión la apariencia de buen derecho, requisito éste reconocido por la Suprema Corte de Justicia y que constituye uno de los avances más importantes en la evolución del juicio de amparo en las últimas décadas. Sin embargo, para asegurar su correcta aplicación, se establece la obligación del juez de realizar un análisis ponderado entre la no afectación del interés social y el orden público y la apariencia de buen derecho. Con esto se logra que la medida cautelar sea eficaz y que no se concedan suspensiones que molestan la sensibilidad de la sociedad".

realizar un análisis ponderado de la apariencia del buen derecho y del interés social.[14]

Posteriormente, al expedirse la Ley de Amparo que entró en vigor el 3 de abril de 2013 (décima época), se recogió la institución prevista en el artículo 107, fracción X, de la CPEUM, para establecer en el artículo 138 que, promovida la suspensión, el órgano jurisdiccional debe realizar un análisis ponderado de la apariencia del buen derecho y la no afectación del interés social.[15]

---

14 "Artículo 107. Las controversias de que habla el artículo 103 de esta Constitución, con excepción de aquellas en materia electoral, se sujetarán a los procedimientos que determine la ley reglamentaria, de acuerdo con las bases siguientes:

[...]

X. Los actos reclamados podrán ser objeto de suspensión en los casos y mediante las condiciones que determine la ley reglamentaria, para lo cual el órgano jurisdiccional de amparo, cuando la naturaleza del acto lo permita, deberá realizar un análisis ponderado de la apariencia del buen derecho y del interés social..."

15 El artículo 138 de la Ley de Amparo vigente establece:

"138. Promovida la suspensión del acto reclamado el órgano jurisdiccional deberá realizar un análisis ponderado de la apariencia del buen derecho y la no afectación del interés social y, en su caso, acordará lo siguiente:

"I. Concederá o negará la suspensión provisional; en el primer caso, fijará los requisitos y efectos de la medida; en el segundo caso, la autoridad responsable podrá ejecutar el acto reclamado.

II. Señalará fecha y hora para la celebración de la audiencia incidental que deberá efectuarse dentro del plazo de cinco días.

III. Solicitará informe previo a las autoridades responsables, que deberán rendirlo dentro del plazo de cuarenta y ocho horas, para lo cual en la notificación correspondiente se les acompañará copia de la demanda y anexos que estime pertinentes."

Uno de los problemas que surgió de la aplicación de esta institución, posterior a su reconocimiento a nivel constitucional, fue el de establecer si podía aplicarse en sentido contrario para negar la medida cautelar. En 2014 (décima época), al resolver la contradicción de tesis 260/2013, la Segunda Sala de la SCJN determinó que esto no era posible debido a que su finalidad era realizar un análisis preliminar de la inconstitucionalidad de los actos reclamados, como presupuesto de la suspensión, cuya finalidad es asegurar provisionalmente el derecho cuestionado, con el fin de que la sentencia que se dicte en el proceso principal no pierda su eficacia.[16]

Al respecto consideró que dicho análisis no podía operar en sentido contrario, ya que ello iría en contra de su propia naturaleza y de la finalidad de la suspensión de los actos reclamados, aunado a que su incorporación en el texto constitucional tuvo como finalidad precisamente que fuera un elemento a considerar para el otorgamiento de la medida cautelar, no de su negativa. Además de que aquél se encontraba condicionado al cumplimiento de diversos requisitos, por lo que, si éstos se encontraban satisfechos, no era factible negar la medida cautelar por el sólo hecho de considerar, de manera superficial, que el acto reclamado puede ser constitucional, ya que lo anterior únicamente podría deducirse al estudiar el fondo del asunto.

Finalmente, en esta resolución se precisó que eso no implicaba que la decisión de conceder la suspensión de los actos reclamados, con base en la apariencia del buen derecho, se tornara arbitraria, pues además de que debían satisfacerse los requisitos para su otorgamiento, como la no afectación al orden público o al interés social, existían supuestos en los que la Ley de Amparo condicionaba su eficacia a la exhibición de una garantía, ya sea: i) como medida de aseguramiento contra

---

[16] Este criterio se emitió bajo la ponencia del Ministro José Fernando Franco González Salas, en donde participé en la elaboración del proyecto de resolución.

actos derivados de un procedimiento penal que afecten la libertad personal; ii) para garantizar los daños y perjuicios que se pudieran ocasionar a un tercero con su otorgamiento; o, iii) como garantía del interés fiscal tratándose del cobro de contribuciones. Lo que no se podría garantizar si se aceptara que esa institución puede aplicarse en sentido negativo. De esta ejecutoria derivó la jurisprudencia 2a./J. 10/2014 (10a.), de rubro: *"SUSPENSIÓN EN EL JUICIO DE AMPARO INDIRECTO. LA APARIENCIA DEL BUEN DERECHO NO PUEDE INVOCARSE PARA NEGARLA"*.[17]

En 2022 (undécima época), el tema regresó a la SCJN. Dos tribunales colegiados llegaron a posturas contradictorias sobre la vigencia del criterio contenido en la jurisprudencia de la Segunda Sala sobre la imposibilidad de invocar la apariencia del buen derecho para negar la medida cautelar. El primero sostenía que aquélla dejó de ser aplicable con motivo de la expedición de la Ley de Amparo vigente; mientras que el segundo insistía en su aplicabilidad. El Pleno de la SCJN determinó que el criterio de la Segunda Sala continúa vigente y, por lo tanto, el análisis de la apariencia del buen derecho no puede realizarse para negar la suspensión de los actos reclamados en los juicios de amparo indirecto. De esta contradicción de criterios derivó la jurisprudencia: P./J. 5/2022 (11a.), de rubro: *"SUSPENSIÓN EN AMPARO INDIRECTO. LA APARIENCIA DEL BUEN DERECHO NO PUEDE INVOCARSE PARA NEGARLA (LEY DE AMPARO VIGENTE A PARTIR DEL 3 DE ABRIL DE 2013)."*[18]

A pesar de su reciente historia en la doctrina, en la jurisprudencia nacional y en las normas constitucionales y legales, la apariencia del buen derecho se ha consolidado en nuestro sistema jurídico. Sin duda, la realidad planteará nuevos temas y problemas que corresponderá analizar a los órganos jurisdiccionales. Lo que es innegable es que se trata de una herramienta que permite

---

[17] Registro digital: 2005719.
[18] Registro digital: 2025294.

acceder a una tutela cautelar y, por ende, a una tutela judicial efectiva, reconocida en los artículos 17 de la CPEUM y 25 de la CADH y que permite no sólo paralizar un acto sino restablecer provisionalmente al quejoso en los derechos afectados frente a un acto que en apariencia es inconstitucional.

VII. La ponderación y el test de proporcionalidad en la suspensión

A raíz de las reformas a la CPEUM y a la Ley de Amparo en materia de suspensión, su contenido y sus alcances se modificaron considerablemente. Algunos autores comenzaron a llamarle "suspensión ponderativa",[1] ya que, de acuerdo con el mandato constitucional, el juzgador debe realizar un ejercicio de ponderación[2] entre la apariencia del buen derecho y el interés social. El concepto de ponderación en la suspensión se utilizó por primera vez en la jurisprudencia 2a./J. 204/2009, de la Segunda Sala de la SCJN, en la que se estableció que los jueces debían ponderar simultáneamente la apariencia del buen derecho con el perjuicio al interés social o al orden público.

La jurisprudencia -que analizamos en el capítulo anterior- se publicó con el rubro: *"SUSPENSIÓN. PARA DECIDIR SOBRE*

---

1 Coinciden sobre este término Eduardo Ferrer Mac-Gregor y Rubén Sánchez Gil en El nuevo juicio de amparo. Guía de la reforma constitucional y la nueva Ley de Amparo, 9ª ed., Porrúa, México, 2016. También lo encontramos en el artículo "¿Suspensión ponderativa?" del Centro de Estudios Constitucionales de la Suprema Corte de Justicia de la Nación. Disponible en https://www.sitios.scjn.gob.mx/cec/blog-cec/suspension-ponderativa.

2 El concepto de ponderación es objeto de variadas discusiones teóricas y prácticas. Uno de los problemas más emblemáticos es si la ponderación es un procedimiento racional para la aplicación de normas jurídicas o un mero subterfugio retórico, útil para justificar toda laya de decisiones judiciales. Carlos Bernal Pulido, "La racionalidad de la ponderación", en Miguel Carbonell y Pedro P. Grández Castro (coords.), El principio de proporcionalidad en el derecho contemporáneo, Palestra Editores, Lima, 2010, p. 38.

SU OTORGAMIENTO EL JUZGADOR DEBE PONDERAR SIMULTÁNEAMENTE LA APARIENCIA DEL BUEN DERECHO CON EL PERJUICIO AL INTERÉS SOCIAL O AL ORDEN PÚBLICO".[3]

Considero que el uso del vocablo *ponderar* presenta un problema. De acuerdo con el diccionario de la RAE,[4] proviene del latín *ponderare, que* significa determinar el peso de algo. En algunas otras acepciones encontramos que también significa sopesar o analizar con cuidado un asunto. Hasta aquí parece adecuado el uso de este concepto. No obstante, en el ámbito jurídico y, particularmente en materia de argumentación jurídica, se ha utilizado como un mecanismo para la aplicación de principios jurídicos o derechos fundamentales en caso de que entren en conflicto.[5] La ponderación -afirma Carlos Bernal Pulido- es una metodología adecuada para evaluar la corrección de los argumentos y decisiones que toman los jueces constitucionales en el marco del control de constitucionalidad, en los casos de conflicto entre principios que expresan derechos fundamentales.

En la suspensión, la problemática con uso del vocablo surge porque la obligación de ponderar no ocurre entre principios o derechos fundamentales, sino que debe realizarse entre el análisis superficial de la probable inconstitucionalidad del acto reclamado y dos elementos más: el orden público y el interés social. Además, esto no conduce necesariamente a preferir un elemento sobre otro, como sucede cuando ponderamos princi-

---

3 Registro digital: 165659.

4 Real Academia de la Lengua, Diccionario de la lengua española, vol. h/z, España, 2001, Ed. Espasa-Calpe, p. 1801.

5 Carlos Bernal Pulido, "Racionalidad, proporcionalidad y razonabilidad en el control de constitucionalidad de las leyes", en Carlos Bernal Pulido, El derecho de los derechos. Escritos sobre la aplicación de los derechos fundamentales, Universidad Externado de Colombia, Bogotá, 2005, p. 61, cit. en Juan, M. Mocoroa, La ponderación en la argumentación constitucional: una (ligera) mirada. Disponible en https://revistas.juridicas.unam.mx/.

pios o derechos. En algunos casos, los tres elementos son complementarios, ya que el análisis superficial sobre la posible inconstitucionalidad del acto reclamado podría llevar a concluir que no existe una vulneración al orden público y al interés social.

Un ejemplo de lo anterior son los asuntos en los que concedí la suspensión de las reformas a la Ley de la Industria Eléctrica.[6] En estos casos, al analizar la apariencia del buen derecho concluí que las normas eran en apariencia violatorias de los principios de competencia y libre concurrencia, así como del derecho a un medio ambiente sano. Este análisis me permitió, a su vez, concluir que con la paralización de dichas normas no se vulneraba el orden público y el interés social. Por el contrario, la suspensión de las normas permitía proteger dichos valores. Lo que no podía deducirse si no hubiera realizado el análisis sobre la apariencia del buen derecho.

En consecuencia, el uso del vocablo "ponderación" me parece inadecuado -al menos conceptualmente- para referirse al análisis que se debe llevar a cabo al momento de pronunciarse sobre la procedencia de la medida cautelar respecto de la apariencia del buen derecho, el orden público y el interés social. En todo caso, retomando la jurisprudencia de la Segunda Sala de la SCJN, considero que deberíamos hablar de un análisis simultáneo o paralelo de dichos elementos.

Entonces, surge la pregunta: ¿se puede realizar un ejercicio de ponderación en la suspensión? Considero que sí, ya que al realizar el análisis sobre la apariencia del buen derecho, esto es, sobre la posible inconstitucionalidad del acto reclamado, existen casos en los que puede darse una solución preliminar

---

6 Este capítulo se refiere a las resoluciones dictadas por el Juzgado Segundo de Distrito en Materia Administrativa Especializado en Competencia Económica, Radiodifusión y Telecomunicaciones, con residencia en la Ciudad de México y jurisdicción territorial en toda la República.

a un conflicto entre derechos a través de un ejercicio de ponderación.

Me explico. Es muy común que en el incidente de suspensión se solicite la medida cautelar respecto de normas que restringen algún derecho. En estos casos, considero que válidamente puede realizar este ejercicio de ponderación, al menos de manera probable, para verificar si una norma puede ser inconstitucional y, con base en ello, tener por acreditada la apariencia del buen derecho, para después comparar ese elemento con la posible afectación al orden público y al interés social.

Ahora bien, toda ponderación debe tener como eje rector la aplicación del principio de proporcionalidad. Si bien esto no tiene fundamento en la Constitución, ni tampoco se encuentra plasmado en la jurisprudencia nacional, han sido la doctrina y la práctica de los tribunales donde se estableció que, en todo caso, la ponderación debe estar guiada por el referido principio.

La noción de proporcionalidad no es una invención reciente. Su origen más remoto lo encontramos en disciplinas como las matemáticas y la filosofía, desarrolladas por la antigua civilización griega. Posteriormente, Roma la acuñó en su cultura jurídica.[7] Consecuentemente, su expansión a otros pueblos y naciones fue inmediata.[8] En la era moderna estos conocimientos adquirieron nuevamente relevancia gracias a los esfuerzos de los juristas y filósofos alemanes, entre ellos, de manera destacada, Robert Alexy.

---

7 Carlos Bernal Pulido, El principio de proporcionalidad y los derechos fundamentales. El principio de proporcionalidad como criterio para determinar el contenido de los derechos fundamentales vinculante para el legislador, 2ª ed., Centro de Estudios Políticos Constitucionales, Madrid, 2005, p. 40.

8 Por razones metodológicas sólo nos hemos referido a los antecedentes más lejanos del principio de proporcionalidad. Abundar sobre este tema naturalmente excedería el espacio destinado a este capítulo.

La obra de Alexy gira en torno de los siguientes postulados: *a)* el núcleo de la ponderación consiste en una relación que se denomina ley de la ponderación, la cual se puede formular de la siguiente manera: cuanto mayor sea el grado de no satisfacción o restricción de uno de los principios, tanto mayor deberá ser el grado de la importancia de la satisfacción del otro; *b)* la legitimidad de la ponderación en el derecho depende de su racionalidad; *c)* la estructura de la ponderación es decisiva para su racionalidad; *d)* los principios son normas que ordenan que algo sea realizado en la mayor medida posible, de acuerdo con las posibilidades fácticas y jurídicas, es decir, son mandatos de optimización; y, *e)* el más importante principio del derecho constitucional material es el principio de proporcionalidad, con sus tres subprincipios: idoneidad, necesidad y proporcionalidad en sentido estricto.[9]

Por su parte, la jurisprudencia del Tribunal Constitucional alemán fue precursora en la aplicación de este principio en el control de constitucionalidad de los actos de los poderes públicos, siendo el campo de los derechos fundamentales el más representativo.[10] Al poco tiempo los jueces de toda Europa comenzaron a incorporarlo en sus sentencias.

En México, los primeros casos en los que la SCJN aplicó una formulación relativamente clara del principio de proporcionalidad fueron para valorar los tratos diferenciados en normas fiscales. Más adelante, el Pleno de la SCJN estableció por primera vez las fases del examen de proporcionalidad; a saber: *a)* perseguir una finalidad constitucionalmente legítima; *b)* ser adecuada, idónea, apta y susceptible de alcanzar el fin perseguido; *c)* ser necesaria, es decir, suficiente para lograr dicha finalidad, de forma que no implique una carga desmedida, excesiva o injustificada

---

9 Robert Alexy, "La fórmula del peso", en Argumentación jurídica. El juicio de ponderación y el principio de proporcionalidad, Miguel Carbonell (Coord.), Ed. Porrúa-UNAM, 2011, pp. 13-15.

10 Carlos Bernal Pulido, "Racionalidad, proporcionalidad y razonabilidad…", *op. cit.*, pp. 49-50.

para la persona; y, *d)* estar justificada en razones constitucionales.

Estas etapas quedaron asentadas en la jurisprudencia P./J. 130/2007, de rubro: *"GARANTÍAS INDIVIDUALES. EL DESARROLLO DE SUS LÍMITES Y LA REGULACIÓN DE SUS POSIBLES CONFLICTOS POR PARTE DEL LEGISLADOR DEBE RESPETAR LOS PRINCIPIOS DE RAZONABILIDAD Y PROPORCIONALIDAD JURÍDICA."*[11]

Al resolver la acción de inconstitucionalidad 2/2014, en sesión de 1 de diciembre de 2014, el Pleno de la SCJN confirmó la relevancia del principio de proporcionalidad y su aplicación en las sanciones penales.[12] Para ello se apoyó en el examen realizado en la jurisprudencia P./J. 130/2007.[13] Sin embargo, este principio alcanzó su máximo reconocimiento cuando la Primera Sala lo empleó como herramienta metodológica en el amparo en revisión 237/2014[14] para dilucidar la constitucionalidad de normas generales. Se trataba de diversos artículos de la Ley General de Salud, que establecían las condiciones de uso permitido de sustancias estupefacientes.

A partir de ese momento, el examen de proporcionalidad recibió el nombre de test de proporcionalidad. Los criterios que derivaron del mencionado precedente establecieron, en esencia, que el test consta de cuatro gradas: *a)* identificación de una finalidad constitucionalmente válida; *b)* examen de la idoneidad de la medida legislativa; *c)* examen de la necesidad de dicha medida; y, *d)* examen de la proporcionalidad en sentido estricto. La

---

11 Registro digital: 170740.

12 Por mayoría de ocho votos.

13 Sobre los antecedentes del principio de proporcionalidad en la jurisprudencia mexicana, véase Rubén Sánchez Gil, "Proporcionalidad y juicio constitucional en México", en Diana Beatriz González Carvallo y Rubén Sánchez Gil (coords.), El test de proporcionalidad. Convergencias y divergencias, Centro de Estudios Constitucionales, México, 2021, pp. 40-44.

14 Resuelto el 4 de noviembre de 2015 por mayoría de cuatro votos.

estructura del examen es muy similar a lo que ya se venía utilizando por los jueces en Europa.

Sobre este aspecto, destaca la tesis 1a. CCLXIII/2016 (10a.), emitida por la Primera Sala de la SCJN, de rubro: "*TEST DE PROPORCIONALIDAD. METODOLOGÍA PARA ANALIZAR MEDIDAS LEGISLATIVAS QUE INTERVENGAN CON UN DERECHO FUNDAMENTAL.*"[15]

La Segunda Sala de la SCJN, por su parte, ha sostenido que el referido test es tan sólo una herramienta interpretativa y argumentativa más con las que cuenta el juzgador, de manera que puede emplearla de forma potestativa para verificar la existencia de limitaciones, restricciones o violaciones a un derecho fundamental, haciendo énfasis en que no existe exigencia constitucional, ni siquiera jurisprudencial para efectuarlo.

Así quedó consignado en la jurisprudencia 2a./J. 10/2019 (10a.), de rubro: "*TEST DE PROPORCIONALIDAD. AL IGUAL QUE LA INTERPRETACIÓN CONFORME Y EL ESCRUTINIO JUDICIAL, CONSTITUYE TAN SÓLO UNA HERRAMIENTA INTERPRETATIVA Y ARGUMENTATIVA MÁS QUE EL JUZGADOR PUEDE EMPLEAR PARA VERIFICAR LA EXISTENCIA DE LIMITACIONES, RESTRICCIONES O VIOLACIONES A UN DERECHO FUNDAMENTAL.*"[16]

Considero que el test de proporcionalidad se puede utilizar para analizar la apariencia del buen derecho como una herramienta interpretativa que, con los elementos que se tienen al proveer sobre la suspensión, permita verificar si el acto reclamado es en apariencia inconstitucional.

Es verdad que el test de proporcionalidad fue diseñado originalmente como una metodología propia de las sentencias de amparo; mientras que la suspensión, como medida cautelar, es una resolución de carácter no definitivo cuya finalidad principal

---

15 Registro digital: 2013156

16 Registro digital: 2019276.

es la de conservar la materia del juicio de amparo hasta que se resuelva el principal. No obstante, estimo que no hay impedimento para que el juzgador haga uso de esta herramienta en la suspensión, porque es una de las mejores técnicas para encauzar el razonamiento judicial y controlar la intervención sobre los derechos fundamentales. Naturalmente, los elementos que tiene el juzgador en este momento son menores a los que tendrá al resolver el fondo del asunto, pero sin duda son suficientes para cumplir con ese objetivo.

Por ejemplo, en los amparos promovidos contra el Padrón Nacional de Usuarios de Telefonía Móvil (PANAUT), apliqué el test de proporcionalidad al resolver la suspensión. En estos asuntos se impugnaron las normas de la Ley Federal de Telecomunicaciones y Radiodifusión que establecían la obligación de los usuarios de telefonía móvil de proporcionar sus datos biométricos para que las autoridades competentes en materia de seguridad y justicia pudieran compartir esa información en asuntos relacionados con la comisión de delitos.

La creación del PANAUT tenía como finalidad la seguridad pública, pero ponía en riesgo derechos reconocidos constitucionalmente: acceso a las Tecnologías de la Información y Comunicación (TIC); protección de datos personales; y, presunción de inocencia. Al aplicar el test de proporcionalidad como una herramienta interpretativa fue posible concluir que la norma era en apariencia inconstitucional.

Las normas reclamadas tenían un vicio de inconstitucionalidad que era visible desde su publicación. Por supuesto que eso podría cambiar con los argumentos vertidos en la secuela del proceso, el ofrecimiento de pruebas y alegatos, pero en ese momento ya se tenían elementos suficientes que permitían realizar ese análisis.

Respecto de la primera grada del test, concluí que efectivamente las normas impugnadas perseguían un "fin constitucionalmente válido", que era facilitar la investigación y la persecución de los delitos.

Sin embargo, en lo relativo a la "idoneidad", se advirtió que no era posible apreciar cómo es que la entrega de esos datos personales podría influir de manera positiva en las actividades de seguridad pública que el Estado está obligado a desplegar, ni en qué medida se podría ver favorecida la investigación y la persecución de los delitos, ya que la entrega de aquéllos no constituía una condición para que las instancias respectivas investiguen más o mejor.

Por lo que se refiere a la "necesidad", se determinó que la medida podría no serlo, pues además de que el registro de una línea telefónica móvil no requiere de manera forzosa los datos biométricos para relacionarla con su titular, podrían existir medidas alternativas que no implicaran la entrega de dichos datos y que tuvieran el mismo grado de efectividad.

Finalmente, en lo atinente a la grada de "proporcionalidad", se concluyó que no era posible establecer una relación directa o causal entre la existencia del PANAUT y una mejor investigación o persecución de los delitos; es decir, el grado de realización del fin perseguido no necesariamente sería mayor que la afectación a los derechos (acceso a las tecnologías de la información y comunicación; protección de datos personales y presunción de inocencia), al mismo tiempo que no se habían analizado opciones menos gravosas que la cancelación de la línea telefónica, como la suspensión temporal del servicio o una sanción económica.

Una vez analizado esto, lo siguiente fue realizar el análisis simultáneo entre la apariencia del buen derecho, el interés social y el orden público. Para este análisis concluí que no se afectaban esos valores porque la autoridad ya contaba con herramientas para poder llevar a cabo la investigación de los delitos, como la geolocalización o la solicitud de información a las empresas de telefonía. Además, si bien las normas tenían como finalidad la seguridad pública, ésta en realidad era una condición previa para el ejercicio de las libertades y los derechos, por lo que no podía servir como fundamento para restringirlos.

Al estimar que se encontraban reunidos todos los requisitos para el otorgamiento de la suspensión y al existir la apariencia del buen derecho que la justificaba, concedí la suspensión definitiva para el efecto de que no se aplicara la obligación establecida en la norma reclamada, consistente en que la parte quejosa registrara su línea telefónica móvil en el PANAUT y, en consecuencia, no le fuera cancelada por su falta de registro.

Lo anterior sólo constituye una propuesta de cómo debe aplicarse el test de proporcionalidad en la suspensión, conforme a la doctrina y a los criterios existentes. Sin duda, este tema da lugar a múltiples y diversas opiniones. Seguramente su aplicación continuará moldeándose en los tribunales.

VIII. La suspensión con efectos generales

Como hemos visto, del contenido del artículo 107, fracción X, de la CPEUM, es posible advertir que el órgano reformador estableció una cláusula habilitante para que fuera el legislador ordinario quien estableciera los casos y condiciones en que sería procedente el otorgamiento de la suspensión.

Así, en la Ley de Amparo, Reglamentaria de los artículos 103 y 107 constitucionales, específicamente en la Sección Tercera, se reguló lo relativo a la suspensión de los actos reclamados.

Destacan por su importancia los artículos 139, 147 y 148 de la Ley de Amparo, que establecen de manera general cuáles son los efectos de la medida cautelar y, en especial, cuando se trata de normas generales.

A este respecto, el artículo 139 de la Ley de Amparo señala que, en los casos en que proceda la suspensión y si hubiera peligro inminente de que se ejecute el acto reclamado con perjuicios de difícil reparación para el quejoso, el órgano jurisdiccional deberá ordenar que las cosas se mantengan en el estado que guarden hasta que se notifique a la autoridad responsable la resolución que se dicte sobre la suspensión definitiva.[1]

---

1 "Artículo 139. En los casos en que proceda la suspensión conforme a los artículos 128 y 131 de esta Ley, si hubiere peligro inminente de que se ejecute el acto reclamado con perjuicios de difícil reparación para el quejoso, el órgano jurisdiccional, con la presentación de la demanda, deberá ordenar que las cosas se mantengan en el estado que guarden hasta que se notifique a la autoridad responsable la resolución que se dicte sobre la suspensión definitiva, tomando las medidas que estime convenientes para que no se defrauden derechos de tercero y se eviten perjuicios a los interesados, hasta donde sea posible, ni quede sin materia el juicio de amparo.

Por su parte, el artículo 147 establece que, cuando la suspensión sea procedente, el órgano jurisdiccional deberá fijar la situación en que habrán de quedar las cosas y tomará las medidas pertinentes para conservar la materia del amparo hasta la terminación del juicio; que atendiendo a la naturaleza del acto reclamado, ordenará que las cosas se mantengan en el estado que guarden y, de ser jurídica y materialmente posible, restablecerá provisionalmente al quejoso en el goce del derecho violado mientras se dicta sentencia ejecutoria en el juicio de amparo.[2]

Finalmente, el artículo 148 de la Ley de Amparo señala que en los juicios de amparo en que se reclame una norma general autoaplicativa sin señalar un acto concreto de aplicación, la suspensión se otorgará para impedir los efectos y consecuencias de la norma en la esfera jurídica del quejoso; mientras que en aquellos en que se reclame una norma general con motivo de su primer acto de aplicación, la suspensión, además de los efectos previamente re-

---

Cuando en autos surjan elementos que modifiquen la valoración que se realizó respecto de la afectación que la medida cautelar puede provocar al interés social y el orden público, el juzgador, con vista al quejoso por veinticuatro horas, podrá modificar o revocar la suspensión provisional".

2 "Artículo 147. En los casos en que la suspensión sea procedente, el órgano jurisdiccional deberá fijar la situación en que habrán de quedar las cosas y tomará las medidas pertinentes para conservar la materia del amparo hasta la terminación del juicio, pudiendo establecer condiciones de cuyo cumplimiento dependa el que la medida suspensional siga surtiendo efectos.

Atendiendo a la naturaleza del acto reclamado, ordenará que las cosas se mantengan en el estado que guarden y, de ser jurídica y materialmente posible, restablecerá provisionalmente al quejoso en el goce del derecho violado mientras se dicta sentencia ejecutoria en el juicio de amparo.

El órgano jurisdiccional tomará las medidas que estime necesarias para evitar que se defrauden los derechos de los menores o incapaces, en tanto se dicte sentencia definitiva en el juicio de amparo".

feridos, se decretará en relación con los efectos y consecuencias subsecuentes del acto de aplicación.[3]

De lo anterior, se puede advertir que los efectos de la suspensión deben ser acordes con la naturaleza del acto reclamado. De esta manera, cuando sea procedente su otorgamiento, los efectos permitirán la paralización y en algunos casos la restitución de derechos mientras se resuelve en definitiva el juicio de amparo, para impedir que las posibles violaciones hagan imposible restituir al quejoso en el goce del derecho que se estima vulnerado. En el caso de normas generales, la propia ley establece que el efecto es su inaplicación en perjuicio del quejoso, cuando se reclamen como autoaplicativas o en relación con los efectos y consecuencias subsecuentes del acto de aplicación, cuando se reclamen como heteroaplicativas.

La correspondencia que guardan los efectos de la suspensión con los efectos de las sentencias es indisoluble. Ello porque si partimos de la premisa de que la suspensión de los actos reclamados tiene como finalidad asegurar la eficacia de una eventual sentencia de amparo, es indudable que en aquellos casos en los que la suspensión no logra anticipar los posibles efectos de una sentencia concesoria, no se alcanzaría este objetivo y la suspensión perdería en muchos casos su principal propósito, ya que no se lograría una tutela judicial efectiva, al impedir reparar los daños que se ocasionaron durante la tramitación del juicio.

---

[3] "Artículo 148. En los juicios de amparo en que se reclame una norma general autoaplicativa sin señalar un acto concreto de aplicación, la suspensión se otorgará para impedir los efectos y consecuencias de la norma en la esfera jurídica del quejoso.
En el caso en que se reclame una norma general con motivo del primer acto de su aplicación, la suspensión, además de los efectos establecidos en el párrafo anterior, se decretará en relación con los efectos y consecuencias subsecuentes del acto de aplicación".

Entonces, surge la siguiente pregunta: ¿cuáles deben ser los efectos de una medida cautelar en aquellos casos en los que una eventual sentencia de amparo puede tener alcances más allá de la esfera jurídica del quejoso?

Para responder esta interrogante, es necesario hacer un análisis sobre el principio de relatividad de las sentencias de amparo, explicar su evolución dentro del sistema jurídico mexicano y conocer cómo se ha ido modulando este principio, a partir de los precedentes de la SCJN. Por último, será necesario examinar distintas resoluciones que, por sus características, constituyen una excepción a dicho principio y explicar algunos de los antecedentes más relevantes en relación con el sector energético.

ANTECEDENTES DEL PRINCIPIO DE RELATIVIDAD

La Constitución de 1824 no contenía un catálogo de derechos humanos, ni preceptos que permitieran válidamente el desarrollo de una teoría a través de la cual se erigiera a un supremo intérprete de la Constitución.[4] Lo cual de alguna forma sí se encontraba previsto en las Siete Leyes.[5] En su Ley Primera se establecieron ciertos derechos orientados a contener a la autoridad en el límite de sus atribuciones, en tanto que en la Ley Segunda se previó, como un órgano de control político, el denominado Supremo

---

4 Suprema Corte de Justicia de la Nación, Mariano Otero. Visionario de la República. A 200 años de su nacimiento. Vol. A, México, 2017, p. 180.

5 Del Rosario Rodríguez, Marcos, "El juicio de amparo: origen y evolución hasta la constitución de 1917. Tres casos paradigmáticos que determinaron su configuración" en Ferrer Mac-Gregor Eduardo y Herrera, Alfonso (coords.), El juicio de amparo en el centenario de la constitución mexicana de 1917, pasado, presente y futuro, t. I, Instituto de investigaciones jurídicas UNAM, México, 2017, p. 124. Disponible en: http://ru.juridicas.unam.mx:80/xmlui/handle/123456789/37130 (Consultada el 09 de septiembre de 2021).

Poder Conservador, el cual contaba con la facultad de declarar la nulidad de actos de los poderes Ejecutivo, Legislativo y Judicial que fueran contrarios a algún precepto constitucional. No obstante, en la práctica, el árbitro regulador de las funciones públicas quedó limitado a la inacción, puesto que no podía actuar sino a petición de los otros poderes. Así, en sus cinco años de vigencia, no declaró la nulidad de ninguna ley o de algún acto del poder público.

En 1840, los diputados Jiménez, Barajas, Castillo y Fernández plantearon enmiendas sustanciales al sistema centralista. Por su parte, el diputado Pedro Ramírez emitió un voto particular, en el que, entre otras cosas, propuso la creación de un *reclamo constitucional*[6] que se hiciera valer ante la SCJN, la que fungiría como intérprete supremo de la Constitución y, consecuentemente, contaría con la facultad de declarar la inconstitucionalidad de una ley o un acto del Poder Ejecutivo, siempre que cierto número de diputados, de senadores o de juntas departamentales lo solicitaran. Con todo, ello fue insuficiente para otorgar a las personas un medio de defensa efectivo.

Meses después, estalló un movimiento armado en Yucatán a favor del federalismo. En ese contexto, Manuel Crescencio García Rejón y Alcalá (líder indiscutible de la Comisión de Reformas establecida por el Gobernador Santiago Méndez) sometió a deliberación del Congreso local el Proyecto de Constitución del Estado de Yucatán. En este documento se advierte un aura liberal, individualista y una amplia inclinación a limitar el poder a través de garantías otorgadas a favor del individuo. Entre otras cuestiones y a propósito de este texto, destaca el establecimiento de un catálogo de lo que hoy en día conocemos como derechos

---

6 Soberanes Fernández, José Luis, "La constitución yucateca de 1841 y su juicio de amparo" en Liber ad honorem, García Ramírez, Sergio, t. I, Instituto de investigaciones jurídicas UNAM, México, 1998, p. 648. Disponible en: http://ru.juridicas.unam.mx:80/xmlui/handle/123456789/9090 (Consultada el 9 de septiembre de 2021).

humanos,[7] y la creación del juicio de amparo[8] como un medio para su protección.

En el artículo 63 del mencionado Proyecto se facultaba a los jueces de primera instancia para conocer del juicio de amparo. Asimismo, la propuesta planteaba que debía dotarse a la SCJN de atribuciones suficientes para resolver (con efectos particulares) sobre la posible inconstitucionalidad de las leyes aprobadas por el Congreso y respecto de las probables arbitrariedades perpetradas por el Poder Ejecutivo (artículo 53, fracción I).

En la exposición de motivos, García Rejón explicó que la racionalidad de la relatividad de las sentencias[9] (haciendo alusión a las ideas de Alexis de Tocqueville) descansaba en la idea de privilegiar la defensa del interés personal frente a la protección del orden constitucional. Si bien el proyecto de García Rejón era muy innovador para aquella época, su alcance era reducido, pues la institución del amparo quedó consagrada en una Constitución local, de manera que incluso los ciudadanos yucatecos se veían desprotegidos frente a las arbitrariedades de los poderes centrales.

Posteriormente, el juicio de amparo se elevó a rango federal. Durante las discusiones que precedieron a este acontecimiento, encontramos la valiosa aportación del entonces diputado Mariano Otero. Él redactó en un voto particular la conocida fórmula de relatividad de las sentencias de amparo. En su discurso, es evidente la influencia de la doctrina estadounidense de la supremacía constitucional y del *judicial review,* pero también

---

7 Del Rosario Rodríguez, Marcos, op. cit., p. 125.

8 Ferrer Mac-Gregor, Eduardo, "Amparo" en Ferrer Mac-Gregor, Eduardo, Martínez Ramírez, Fabiola y Figueroa Mejía, Giovanni A. (coords.), Diccionario de Derecho Procesal Constitucional y Convencional, Instituto de investigaciones jurídicas UNAM, 2014. p. 58. Disponible en: https://archivos.juridicas.unam.mx/www/bjv/libros/8/3683/27.pdf (Consultada el 9 de septiembre de 2021).

9 Zaldívar Lelo de Larrea, Arturo, op. cit., p. 108.

tomó en cuenta las condiciones del país en aquellos años.[10] Así, resulta entendible que haya propugnado por que la protección que impartieran los tribunales fuera *"sobre el caso particular que versara el proceso sin hacer declaración general respecto de la ley que la motivare"*,[11] lo que otorgó estabilidad a la institución y sentó las bases para que los tribunales desempeñaran su función de guardianes de las garantías individuales.[12] Adicionalmente, esto evitó futuras intromisiones y conflictos competenciales.

El artículo 19 del voto particular de Mariano Otero, en que el que se consagró la fórmula de relatividad de las sentencias de amparo, fue aprobado en el Acta Constitutiva y de Reformas de 1847 (con la que retornaba la vigencia de la Constitución de 1824) en el numeral 25 de dicho documento legislativo.[13]

Cabe destacar que, en el citado voto particular, Otero diseñó un sistema mixto de control de constitucionalidad[14] o sistema in-

---

10 Ferrer Mac-Gregor, Eduardo, Panorámica del derecho procesal constitucional y convencional, Instituto de investigaciones jurídicas UNAM, Marcial Pons, México, 2018, pp. 389-391. Disponible en: https://biblio.juridicas.unam.mx/bjv/detalle-libro/3384-panoramica-del-derecho-procesal-constitucional-y-convencional (Consultada el 10 de septiembre de 2021).

11 Suprema Corte de Justicia de la Nación, "Voto particular de Mariano Otero" en La Suprema Corte de Justicia, sus leyes y sus hombres, México, 1995. Disponible en: http://www.internet2.scjn.gob.mx/red/marco/PDF/C.%201846- 1855/b)%20VOTO%20PARTICULAR%20M.%20OTERO%205%20abril%201847.pdf (Consultada el 10 de septiembre de 2021).

12 Suprema Corte de Justicia de la Nación, op. cit., nota 11, p. 187.

13 Giménez de Haro, Eduardo y Nava Magalón, Pedro Alberto, "La relatividad de Otero. A 160 años de la primera sentencia de amparo" en Ferrer Mac-Gregor, Eduardo y González Oropeza, Manuel (coords.), El juicio de amparo. A 160 años de la primera sentencia, t. II, Instituto de investigaciones jurídicas UNAM, México, 2011, p. 52. Disponible en: https://archivos.juridicas.unam.mx/www/bjv/libros/7/3066/1.pdf (Consultada el 11 de septiembre de 2021).

14 Zaldívar Lelo de Larrea, Arturo, *op. cit.*, p. 109.

tegral de nulidad de leyes inconstitucionales[15] en donde coexistía la desaplicación de la ley para el caso en particular (artículo 19), así como la declaratoria general de inconstitucionalidad de leyes (artículos 16, 17 y 18). Estos últimos preceptos fueron conservados en los artículos 22, 23 y 24 del Acta de Reformas. De ahí que, distintos autores señalen que es incorrecto llamar fórmula Otero a la relatividad de las sentencias, toda vez que la propuesta original de Otero no sólo contemplaba la desaplicación de la ley para el caso particular, sino que en realidad se trataba de un sistema mixto.

Así, la relatividad de las sentencias de amparo prevaleció en el texto del artículo 102 de la Constitución de 1857. Luego, en la Constitución de 1917, dicho principio quedó plasmado en el artículo 107, fracción II.

A pesar de las múltiples reformas a nuestra Constitución, el principio de relatividad que rige las sentencias de amparo actualmente permanece inamovible, no obstante que, en algunos casos, constituye un obstáculo para la protección de derechos, particularmente de naturaleza colectiva o difusa, lo que ha ocasionado su reinterpretación, sobre lo cual abundaremos más adelante.

---

15 Las legislaturas de las entidades federativas o el Congreso general, según se tratara, actuaban como órganos de control político, mismos que tenían la facultad de declarar la nulidad de leyes que fueran contrarias a la constitución. Mac-Gregor Ferrer, Eduardo, "Otero y Rejón en el año de la invasión: preámbulo de la primera sentencia de amparo" en op. cit., nota 20, p. 418.

EL PRINCIPIO DE RELATIVIDAD Y LA DECLARATORIA GENERAL DE INCONSTITUCIONALIDAD

El principio de relatividad de las sentencias de amparo se encuentra contenido en el artículo 107, fracción II, de la CPEUM, en el cual se establece que las sentencias que se dicten en el juicio de amparo sólo se ocuparán de los quejosos que lo hubieren solicitado, limitándose a ampararlos y protegerlos, si procediere, en el caso especial sobre el que verse la demanda.

En palabras de Alfonso Noriega,[16] el principio de relatividad de las sentencias de amparo implica que la concesión del amparo beneficia únicamente al agraviado particular que promovió la demanda correspondiente, de manera que la protección de la Justicia Federal no puede ser alegada a favor de ningún otro, incluso cuando se encuentre en la misma situación jurídica.

En la práctica, la justificación ha sido que los efectos de las sentencias de amparo sean relativos porque lo que se resuelve en el proceso es la violación de un derecho individual y sus efectos sólo se producen respecto del litigio que se resuelve. Sin embargo, esta limitante ha sido objeto de severas críticas doctrinales en el ámbito nacional e internacional, ya que resulta muy cuestionable que una ley declarada inconstitucional por un órgano competente prevalezca en el sistema jurídico, continúe su vigencia y conserve fuerza material respecto de otras personas que se ubican en la misma posición y que, por diversos motivos, ya sea culturales, económicos, sociales, entre otros, no acudieron al juicio de amparo para combatirla.

Al respecto se ha señalado que la relatividad de las sentencias genera distintas afectaciones, entre ellas al principio de supremacía constitucional.[17] Esto porque al ser la Constitución la norma

---

16 Noriega, Alfonso, Lecciones de Amparo, Porrúa, México, 1975, pp. 695 – 697.

17 Zaldívar Lelo de Larrea, Arturo, *op. cit.*, p. 115.

suprema, cualquier norma de rango inferior que la vulnere, es una ley nula que debe dejar de ser aplicada. En consecuencia, si el órgano constitucional permite la vigencia de una norma que ya fue declarada inconstitucional, naturalmente se afecta dicho principio.

Por otra parte, se sostiene que la relatividad de las sentencias vulnera la regularidad del orden jurídico, ya que cuando la norma de grado inferior no respeta la forma de creación (regularidad formal) o el contenido (regularidad material) de la norma superior, se genera una irregularidad en el orden jurídico, el cual prevé que las normas irregulares deben ser separadas de éste a través de los instrumentos de control creados para tal efecto.[18]

Lo mismo sucede con el principio de igualdad, toda vez que las personas que no obtuvieron la concesión del amparo (porque no lo promovieron) continúan sujetos a los efectos de una ley que ya fue declarada inconstitucional. Esto en muchas ocasiones hace patente las desigualdades económicas y sociales imperantes en el país.

También se ha señalado que afecta el principio de economía procesal, porque genera la promoción una cantidad considerable de juicios de amparo en contra de una misma norma que ya fue declarada inconstitucional, lo cual supone no sólo erogaciones para los justiciables, sino también para el Poder Judicial de la Federación. Adicionalmente, ello repercute en la carga de laboral de los órganos jurisdiccionales, lo que va en detrimento de la administración de justicia pronta por tribunales expeditos que reconoce el artículo 17 de la CPEUM.

---

[18] Hans, Kelsen, Garantía jurisdiccional de la Constitución (La Justicia Constitucional), trad. Tamayo y Salmorán, Rolando, en Anuario Iberoamericano de Justicia Constitucional, núm. 15, Madrid, 2011, pp. 14-15. Disponible en: https://dialnet.unirioja.es (Consultada el 12 de septiembre de 2021).

A partir de estas reflexiones, un sector importante de la doctrina, así como de los operadores jurídicos, propugnaron por el establecimiento de una nueva institución que pudiera colmar las deficiencias del principio de relatividad de las sentencias de amparo. Lo anterior, tuvo como resultado la introducción en nuestro sistema jurídico de la declaratoria general de inconstitucionalidad.[19]

Esta figura jurídica intentó transitar de un sistema de justicia constitucional que anteponía la protección individual, a un sistema que eliminaba las desigualdades económicas y sociales, defendía la supremacía constitucional y coadyuvaba en la búsqueda de una igualdad sustancial entre los justiciables mediante el acceso eficaz a la justicia.[20]

La incorporación de este mecanismo en la legislación mexicana se sumaba a la tendencia global de introducir esquemas de control constitucional con efectos generales.[21]Incluso, en Europa, donde nació el control de constitucionalidad concentrado, su implementación prosperó. Rápidamente varios países latinoamericanos también lo adoptaron.

A partir de la reforma constitucional en materia de amparo de 6 de junio de 2011, se otorgó al Pleno de la SCJN la facultad de emitir declaratorias generales de inconstitucionalidad (excepto en materia tributaria). Su fundamento constitucional se encuentra en los párrafos segundo, tercero y cuarto de la fracción II del artículo 107 de la CPEUM, en tanto que en la ley reglamentaria está prevista en los artículos 231 a 235.

---

19 Fix Zamudio, Héctor, Ensayos sobre el derecho de amparo, Instituto de Investigaciones Jurídicas UNAM, México, 1993. Disponible en: https://archivos.juridicas.unam.mx/www/bjv/libros/1/297/1.pdf (Consultada el13 de septiembre de 2021).

20 Zaldívar Lelo de Larrea, Arturo, *op. cit.*, p. 121.

21 La declaratoria general de inconstitucionalidad ya se encontraba prevista en el ordenamiento jurídico de varios países de Latinoamérica.

En términos generales, la declaratoria general de inconstitucionalidad es una institución cuya finalidad es la de emitir una resolución por mayoría calificada de ocho votos del Pleno de la SCJN, previo procedimiento establecido en los artículos antes señalados, para expulsar del ordenamiento jurídico una norma inconstitucional. La finalidad de esta figura fue la de aminorar los efectos negativos del principio de relatividad de las sentencias de amparo.[22]

Cabe mencionar que, si bien a la fecha han ingresado un total de 19 declaratorias generales de inconstitucionalidad, solamente dos han prosperado. Por lo que se refiere a las demás, de acuerdo con la información proporcionada por la propia SCJN, en su página oficial, el estado o resolución de las otras declaratorias generales de inconstitucionalidad, es el que se detalla a continuación:

3 admitidas, turnadas al ministro ponente y en espera de su resolución (1/2022, 1/2021 y 2/2021). 5 se desecharon por improcedentes, 2 por falta de legitimación del solicitante (1/2017 y 1/2019) y 3 por tratarse de materia tributaria (1/2012, 3/2012 y 1/2015). 4 fueron declaradas sin materia (2/2012, 2/2016, 3/2017 y 5/2017). 3 ordenaron informar al Congreso (local o federal, según el caso) sobre la existencia de precedentes y se requirió al secretario de acuerdos de la Sala correspondiente para que tan pronto se establezca la jurisprudencia sobre el tema, lo comunique a la presidencia de la SCJN y, en su caso, remita copia certificada de las demás sentencias que en su momento la integren (1/2016, 2/2017 y 4/2017).

En diverso asunto, se instruyó al secretario de acuerdos de la Sala correspondiente para que informe si ya se integró la jurisprudencia respectiva (4/2012). En otro, se ordenó integrar al expediente la resolución del amparo en revisión como cuarto precedente, y se requirió al titular de la Oficina de Cer-

---

22 Suprema Corte de Justicia de la Nación, Los principios fundamentales del juicio de amparo, México, 2016, pp. 236-237.

tificación y Correspondencia de la SCJN para que, una vez que ingrese el quinto precedente, lo haga del conocimiento a los presidentes tanto del Pleno como de la Sala correspondiente, a fin de continuar con el trámite respectivo (1/2013).

El destino de tales declaratorias resultó infructuoso, acorde al propósito para el cual fueron creadas. Como ya mencionaba, desde que se introdujo, es decir, hace más de 10 años, la referida institución al sistema jurídico mexicano, hasta el día de hoy, la SCJN únicamente ha declarado fundadas 2 declaratorias generales de inconstitucionalidad (6/2017 y 1/2018). La primera, respecto del artículo 298, inciso B), fracción IV, de la Ley Federal de Telecomunicaciones y Radiodifusión, en la porción normativa que establece "del 1%";[23] y, la segunda, tratándose de la prohibición absoluta del uso lúdico de la marihuana.[24] De manera que, las altas expectativas que se tenían sobre esta institución no lograron configurarse en la práctica.

Desafortunadamente, la declaratoria general de inconstitucionalidad no ha sido un mecanismo eficaz para aliviar la deficiencia endémica del juicio de amparo que prevalece con una interpretación muy estricta del principio de relatividad de las sentencias. Esto puede deberse en gran medida a que el procedimiento que se instauró para tal efecto es complejo. Prueba de ello es el reducido número de declaratorias que se han presentado.

---

23 Comunicados de prensa, núm. 017/2019, "Determinación histórica: SCJN emite por primera vez declaratoria general de inconstitucionalidad". Disponible en https://www.internet2.scjn.gob.mx/red2/comunicados/noticia.asp?id=5829. (Consultada el 13 de septiembre de 2021).

24 Sistema de seguimiento de declaratoria general de inconstitucionalidad. Disponible en: https://www2.scjn.gob.mx/denunciasincumplimiento/consultagenerales.aspx. (Consultada el 17 de marzo de 2022).

LA MODULACIÓN DEL PRINCIPIO DE RELATIVIDAD EN LOS CRITERIOS DE LA SCJN

El juicio de amparo es uno de los medios de control de constitucionalidad de nuestro ordenamiento jurídico para la protección de los derechos humanos. En aras de hacer realmente efectivo el derecho de acceso a la justicia, la SCJN ha modulado el principio de relatividad de las sentencias de amparo. Esta modulación ha permitido tutelar derechos de naturaleza colectiva o difusa, de tal manera que la concesión del amparo pueda beneficiar a personas que no hubieran sido parte de la controversia.

Estos criterios han marcado un cambio importante en cuanto a la forma en que se había interpretado el principio de relatividad. Hasta hace poco, la interpretación realizada por la SCJN era sumamente estricta, al grado de considerar que el juicio de amparo era improcedente en todos los casos en que el juzgador advirtiera que los efectos de una eventual concesión de amparo podían quebrantar ese principio. Así se estableció en la jurisprudencia 2a./J. 36/2012 (10a.), de la Segunda Sala, de rubro: *"IMPROCEDENCIA. SE ACTUALIZA EN EL JUICIO DE AMPARO SI EL JUZGADOR ADVIERTE QUE LOS EFECTOS DE UNA EVENTUAL SENTENCIA PROTECTORA PROVOCARÍAN TRANSGRESIÓN AL PRINCIPIO DE RELATIVIDAD."*[25]

La única excepción hasta entonces estuvo referida a un supuesto en el que existía litisconsorcio pasivo necesario. En dicho criterio, el Pleno de la SCJN estableció que los efectos de una sentencia debían extenderse a los codemandados del quejoso, cuando estuviera acreditado en autos que entre ellos existía litisconsorcio pasivo necesario o que la situación de los litisconsortes era idéntica.

Sobre el particular, se determinó que no existía una infracción al principio de relatividad de las sentencias de amparo porque no se estaba en el supuesto en el que una sentencia

---

[25] Registro digital: 2000584.

de amparo se hubiere ocupado de individuos particulares o de personas diversas a quienes solicitaron la protección constitucional. Al respecto, el Pleno emitió la jurisprudencia P./J. 9/96, de rubro: *"SENTENCIAS DE AMPARO. CUANDO ORDENEN REPONER EL PROCEDIMIENTO, SUS EFECTOS DEBEN HACERSE EXTENSIVOS A LOS CODEMANDADOS DEL QUEJOSO, SIEMPRE QUE ENTRE ESTOS EXISTA LITISCONSORCIO PASIVO NECESARIO."*[26]

De alguna manera se justificó esta excepción aduciendo que no se hizo un pronunciamiento específico sobre el caso particular de las otras personas, sino que ello fue consecuencia de las características propias del asunto, en el que concurrían, en un mismo juicio, diversos quejosos que se ubicaban en una posición idéntica.

Años más tarde, el Pleno de la SCJN, al resolver el amparo en revisión 315/2010, reconoció que el juicio de amparo es un medio de control de la constitucionalidad de actos y normas con efectos únicamente para el caso concreto; sin embargo, ello no implicaba que, en ciertas ocasiones, se pudieran adoptar medidas que, colateral y fácticamente, tuvieran efectos para más personas que las que actuaron como partes en el juicio. De este criterio derivó la tesis P. XVIII/2011, de rubro: *"DERECHO A LA SALUD. SU TUTELA A TRAVÉS DEL JUICIO DE AMPARO."*[27]

A este respecto, la SCJN consideró que las sentencias de amparo podían tener efectos ultrapartes, los cuales debían ser colaterales y estar unidos por una relación de conexidad fáctica o funcional con los efectos interpartes, es decir, que no podían ser central o preliminarmente colectivos, ya que la CPEUM reservaba la posibilidad de impugnar las normas de manera que pudieran ser declaradas inválidas con efectos *erga omnes* a una serie acotada de órganos legitimados, por la vía de las controversias constitucionales o las acciones de inconstitucionalidad.

---

[26] Registro digital: 200201.

[27] Registro digital: 161330.

El anterior criterio es relevante, en la medida en que, por primera ocasión, la SCJN admitió la posibilidad de establecer excepciones al principio de relatividad. No obstante, también advirtió que el juicio de amparo no es el medio para dotar de efectos generales a las sentencias, puesto que la propia Constitución contempla otro tipo de mecanismos para alcanzar dicha finalidad. Al respecto, personalmente sostengo una postura similar, pero con ciertos matices, lo que abordaré más adelante.

Los primeros precedentes sobre la modulación al principio de relatividad de las sentencias de amparo tuvieron como antecedente común juicios de amparo en los que se acudió aduciendo un interés legítimo y la defensa de un derecho de naturaleza colectiva o difusa, es decir, derechos supraindividuales en los que, a partir de un planteamiento por uno o varios quejosos, el efecto de la sentencia tendría que impactar necesariamente en otras personas que no acudieron a solicitar la protección constitucional.

Fue la Primera Sala de la SCJN, la que al resolver el amparo en revisión 323/2014, estableció que no es posible alegar violación al principio de relatividad de las sentencias cuando se actualiza la existencia de un interés legítimo en defensa de un derecho colectivo (derecho a la educación), argumentando que dicho interés obliga al juzgador a buscar los mecanismos adecuados para remediar los vicios de inconstitucionalidad, aun cuando salgan de la esfera individual del quejoso.

De este criterio derivó la tesis 1a. CLXXIV/2015 (10a.) de rubro: *"IMPROCEDENCIA DEL JUICIO DE AMPARO. NO PUEDE ALEGARSE VIOLACIÓN AL PRINCIPIO DE RELATIVIDAD DE LAS SENTENCIAS Y, POR ELLO, SOBRESEER EN EL JUICIO, CUANDO SE ACTUALIZA LA EXISTENCIA DE UN INTERÉS LEGÍTIMO EN DEFENSA DE UN DERECHO COLECTIVO."*[28]

[28] Registro digital: 2009192.

Posteriormente, al resolver el amparo en revisión 1359/2015, la Primera Sala determinó que el juicio de amparo es procedente en contra de omisiones legislativas absolutas de ejercicio obligatorio. Al respecto consideró que es perfectamente admisible que sus efectos puedan llegar a beneficiar a terceros ajenos a la controversia constitucional, toda vez que mantener la interpretación tradicional de dicho principio, atentaba en contra de la finalidad sustantiva del juicio de amparo, esto es, la protección de todos los derechos fundamentales. Del anterior criterio derivó la tesis 1a. XXI/2018 (10a.), de rubro: *"PRINCIPIO DE RELATIVIDAD. SU REINTERPRETACIÓN A PARTIR DE LA REFORMA CONSTITUCIONAL DE 10 DE JUNIO DE 2011."*[29]

Por su parte, la Segunda Sala, al resolver el amparo en revisión 241/2018, en materia de personas con discapacidad, interpretó el artículo 107, fracción II, párrafo primero, de la CPEUM y estableció que el principio de relatividad de las sentencias admite modulaciones cuando se acude al juicio con un interés legítimo de naturaleza colectiva. De esta ejecutoria derivó la tesis 2a. LXXXIV/2018 (10a.), de rubro: *"SENTENCIAS DE AMPARO. EL PRINCIPIO DE RELATIVIDAD ADMITE MODULACIONES CUANDO SE ACUDE AL JUICIO CON UN INTERÉS LEGÍTIMO DE NATURALEZA COLECTIVA."*[30]

Más adelante, la Primera Sala, al resolver el amparo en revisión 307/2016, determinó que, tratándose de la materia ambiental, era necesario reinterpretar el principio de relatividad de la sentencias con el objetivo de dotarlo de un contenido que permitiera la tutela efectiva del derecho a un medio ambiente sano, a partir del reconocimiento de su naturaleza colectiva y difusa. Al respecto emitió la tesis 1a. CCXCIV/2018 (10a.), de rubro: *"RELATIVIDAD DE LAS SENTENCIAS EN EL JUICIO DE AMPARO EN MATERIA AMBIENTAL."*[31]

---

29 Registro digital: 2016425.

30 Registro digital: 2017955.

31 Registro digital: 2018800.

En esa misma línea, la Segunda Sala, al resolver el amparo en revisión 610/2019, relativo a porcentaje máximo de etanol en las gasolinas, estableció que si el quejoso acudió al amparo en defensa de un interés legítimo que atañe a la colectividad, el principio de relatividad debía apreciarse conforme a la interpretación más favorable a la persona, el derecho de acceso a la justicia y el principio de supremacía constitucional, por lo que los efectos de la ejecutoria de amparo debían concretarse más allá de la esfera jurídica del promovente.[32]

En todos estos casos, la SCJN consideró necesario modular el principio de relatividad de las sentencias para hacer prevalecer el contenido de las propias normas constitucionales y, en especial, de los derechos humanos reconocidos en la CPEUM. En el primer caso, frente al derecho a la educación; en el segundo, ante un mandato constitucional para expedir un ordenamiento; en el tercero, en materia de personas con discapacidad; en el cuarto y quinto para privilegiar el derecho a un medio ambiente sano, con el reconocimiento de su naturaleza colectiva y difusa.

Esta reinterpretación cobra sentido, si se toma en cuenta que es la propia SCJN quien ha sostenido que los preceptos contenidos en la CPEUM forman parte de un sistema y al interpretarlos debe partirse de que el sentido que se les atribuya debe ser congruente con lo establecido en las diversas disposiciones constitucionales que lo integraban; lo que se justifica por el hecho de que todos ellos se erigen en el parámetro de validez al tenor del cual se desarrolla el orden jurídico nacional.

Así lo estableció en la tesis P. XII/2006, de rubro: *"INTERPRETACIÓN CONSTITUCIONAL. AL FIJAR EL ALCANCE DE UN DETERMINADO PRECEPTO DE LA CONSTITUCIÓN POLÍTICA DE LOS ESTADOS UNIDOS MEXICANOS DEBE ATENDERSE A LOS*

[32] Disponible en: https://www.scjn.gob.mx/ (Consultada el 13 de septiembre de 2021).

PRINCIPIOS ESTABLECIDOS EN ELLA, ARRIBANDO A UNA CONCLUSIÓN CONGRUENTE Y SISTEMÁTICA."[33]

De acuerdo con este criterio, entre los enunciados normativos de la CPEUM no existe una jerarquía y, cuando en apariencia exista una contradicción entre ellas, se deben interpretar de tal manera que se hagan compatibles y congruentes entre sí, para darle coherencia al sistema constitucional.

Lo anterior pone de relieve la importancia de reinterpretar el principio de relatividad de las sentencias de amparo, ya que de otra manera sería casi imposible tutelar los derechos de naturaleza colectiva y difusa, debido a las restricciones que impondría una interpretación tan restringida de dicho principio.

A partir de la reforma en materia de derechos humanos de 10 junio de 2011, es posible apreciar un cambio conceptual en el ordenamiento jurídico mexicano por cuanto hace a los derechos sociales, así como la justiciabilidad de los mismos, de manera que la discusión ya no gira en torno a si los derechos sociales son contenidos programáticos o si son efectivamente derechos exigibles ante los tribunales, más bien el análisis debe centrarse en los mecanismos o recursos útiles para dotarlos de eficacia.

La incorporación del interés legítimo como parámetro de agravio para acudir al juicio de amparo cobra una especial relevancia, pues se erigió como un instrumento útil para la protección de los derechos de naturaleza colectiva o difusa, ya que permite llevar a cabo el control constitucional de los actos y de las normas concernientes a este tipo de derechos, cuyas principales características,[34] son las de ser transindividuales e indivi-

---

33 Registro digital: 175912.

34 Véase Sentencia C-622/07 de la Corte Colombiana. Disponible en: https://www.corteconstitucional.gov.co/relatoria/2007/C-622-07.htm (Consultada el 13 de septiembre de 2021).

sibles[35] de manera que pertenecen a un grupo, como un todo, por lo que la sociedad en su conjunto está interesada en su preservación. De ahí que, algunos autores los llamen derechos de solidaridad.[36] Así, se advierte que la relación de los intereses resulta tal, que cuando una decisión judicial es favorablemente otorgada a un miembro, ello implica la satisfacción de todos los demás.[37]

En materia de competencia económica, el artículo 28 constitucional prohíbe las prácticas monopólicas, los estancos y las exenciones de impuestos. Al interpretar dicho precepto, la Segunda Sala sostuvo que entre los bienes jurídicos tutelados por el artículo en cuestión se encuentran los derechos del consumidor y de la sociedad.

La Sala también ha sostenido que el citado precepto constitucional es claro al establecer la responsabilidad en relación con todas las autoridades -particularmente las legislativas- de evitar la prohibición de los monopolios y toda práctica que inhiba el proceso de competencia y la libre concurrencia.[38] De esta manera, independientemente de la calidad de los agentes económicos, se busca que la población tenga acceso a bienes y servicios de calidad a precios razonables.

Con base en estas premisas podemos concluir que los principios de competencia y libre concurrencia tienen una doble dimensión: individual, por cuanto protegen a los participantes de

---

35 Véase el artículo 5 de la Declaración y Programa de Acción de Viena (1993). Disponible en: https://www.ohchr.org/documents/events/ohchr20/vdpa_booklet_spanish.pdf (Consultada el 13 de septiembre de 2021).

36 Silva Ramírez, Luciano, "Protección de los derechos colectivos en México" en Anuario de Derechos Humanos del Instituto de la Judicatura Federal, t. I, México, 2017, p. 149.

37 Tron Petit, Jean Claude, "Interés legítimo" en *op. cit.*, p. 540.

38 Amparo en revisión 1122/2019. Disponible en https://www.scjn.gob.mx/.

los mercados, y colectiva o difusa, por lo que se refiere a los consumidores.

El reconocimiento de esta doble dimensión tiene una especial repercusión en la necesidad de modular el principio de relatividad y de los efectos de la medida cautelar que le precede. En algunos casos, la decisión de conceder la suspensión en el juicio de amparo en contra de ciertos actos -particularmente legislativos- puede otorgar una ventaja competitiva a un participante sobre los demás, lo que repercutiría no sólo en la esfera individual de éstos sino, de manera relevante, en los consumidores, produciendo el mismo efecto adverso que el juicio de amparo busca mitigar.

La Segunda Sala ya ha advertido los posibles efectos adversos que una medida cautelar puede producir a los principios de competencia y libre concurrencia. Al respecto consideró que otorgar la suspensión respecto de las resoluciones de la Comisión Reguladora de Energía (CRE), que fijan los precios y las tarifas en el mercado de hidrocarburos, permitiría que algunos participantes operaran en condiciones desventajosas, lo que generaría distorsiones en el mercado y redundaría en perjuicio de los consumidores. Así lo estableció la Segunda Sala en la tesis 2a. CLXI/2017 (10a.), de rubro: *"COMISIÓN REGULADORA DE ENERGÍA. ES IMPROCEDENTE LA SUSPENSIÓN CONTRA LAS RESOLUCIONES EN LAS QUE FIJA PRECIOS Y TARIFAS EN EL MERCADO DE HIDROCARBUROS."*[39]

Por esta razón, se considera que en aquellos casos en que una norma general otorga ventajas a uno o más competidores, en aparente oposición a lo que establece el artículo 28 constitucional, debería modularse el principio de relatividad y, consecuentemente, los efectos de una medida cautelar. Lo anterior, con la finalidad de que se pueda tutelar el derecho individual de los agentes económicos y, fundamentalmente, de los consumidores.

---

[39] Registro digital: 2015381.

Si se toma en cuenta que tanto los principios de competencia y libre concurrencia, como el principio de relatividad de las sentencias, están expresamente reconocidos en la CPEUM, su interacción debe ser armónica, por lo que el principio de relatividad no puede constituir un obstáculo para la salvaguarda efectiva de aquéllos, en ninguna de sus dimensiones, pero principalmente en lo que se refiere a la colectiva.

No se trata de una cuestión vinculada al derecho a la igualdad y no discriminación de los agentes económicos, sino de los efectos adversos que esa desigualdad produce en los consumidores, quienes resentirán los desequilibrios de la norma reclamada y de una medida cautelar que la suspenda sólo para algunos, con la consecuente alza de precios y la disminución en la calidad de los productos y servicios que se ofrecen.

Desde luego que este tipo de medidas deben ser excepcionales, ya que -en principio- no debería existir un acto o una norma que vulnere los principios de competencia y libre concurrencia. No obstante, frente a un acto o norma que pudiera vulnerarlos, la medida cautelar debe ser proporcional a efecto de salvaguardar los valores constitucionales mencionados.

Resulta muy complejo fijar reglas específicas para el otorgamiento de una medida cautelar con efectos generales. En los juicios de amparo -vinculados con el sector energético- en que así se decretaron, concurrían los siguientes supuestos: i*)* el acto reclamado era una norma general en sentido material, en algunos casos emitida por una autoridad administrativa y en otras por el órgano legislativo; y, *ii)* esa norma generaba una ventaja a un participante (gubernamental) de una industria o sector, en relación con sus otros competidores (sector privado).

En esas hipótesis, de concederse la suspensión únicamente al quejoso, respecto de las nuevas reglas que benefician a un participante gubernamental, se le concedería una ventaja con el otorgamiento de la medida cautelar, al encontrarse en un régimen paralelo al de los otros competidores, lo que provocaría distorsiones palpables que afectarían a los consumidores. Esto al mismo tiempo que subsistiría la ventaja que otorgaba la normatividad cuestionada al agente económico gubernamental.

Una razón adicional que justifica la necesidad de adoptar una medida cautelar con estas características, es que el juicio de amparo es la única vía para obtener la suspensión de leyes que afecten la competencia y la libre concurrencia en los mercados y proteger los derechos de los consumidores.

Recordemos que el artículo 14, párrafo segundo, y 64, párrafo tercero, de la Ley Reglamentaria de las fracciones I y II del artículo 105 de la CPEUM, proscribe el otorgamiento de la suspensión contra normas generales.[40] Y si bien existen algunos precedentes en los que se ha estimado procedente su otorgamiento, no hay un criterio uniforme que permita suspenderlas, ni tampoco normas que regulen su procedencia, como sí existen para el juicio de amparo.

Sin perjuicio de lo expuesto, es necesario mencionar que poco antes de la publicación de esta obra, el 14 de junio de 2024, se publicó en el Diario Oficial de la Federación el Decreto por el que se reforman los artículos 129 y 148 de la Ley de Amparo. En cuanto al primero, se derogó su último párrafo, que permitía a los juzgadores federales conceder la suspensión aun tratándose de los casos previstos en ese artículo, cuando a su juicio, con la negativa de la medida suspensional pudiera causarse mayor afectación al interés social. Por lo que se refiere al segundo, se adicionó un tercer párrafo para hacer nugatoria la facultad de los juzgadores, tratándose de amparos promovidos

---

[40] "Artículo 14.
(...)
La suspensión no podrá otorgarse en aquellos casos en que la controversia se hubiere planteado respecto de normas generales."
"Artículo 64.
(...)
La admisión de una acción de inconstitucionalidad no dará lugar a la suspensión de la norma cuestionada."

contra normas generales para otorgar la suspensión con efectos generales.

Esto constituye un retroceso no sólo respecto de la suspensión en amparo, cuya evolución de suspensión a medida cautelar en sentido amplio ha permitido una mejor y mayor protección de los derechos humanos de los gobernados, sino también del amparo en su conjunto.

Aun falta mucho por saber cuál será el destino de esta reforma, pues los quejosos podrán solicitar esta medida cautelar con efectos generales y al serles negada por el juzgador, tienen la potestad de combatir la inconstitucionalidad e inconvencionalidad de esta reforma al artículo 148, vía el recurso correspondiente. Por lo que el futuro de esta reforma no está definido.

Y sí, debe reconocerse que el juicio de amparo no está diseñado para que sus resoluciones tengan efectos generales. Sin embargo, se considera que esta regla general debe admitir excepciones para salvaguardar el ejercicio de otros valores constitucionales, como lo ha sostenido la SCJN tratándose de derechos que tienen una dimensión colectiva o difusa.

En sesión de 14 de junio de 2023, la Segunda Sala de la SCJN, al resolver el amparo en revisión 170/2023, determinó que la modulación al principio de relatividad en aras de tutelar los principios de competencia y libre concurrencia es una medida adecuada.[41]

Más adelante, el 31 de enero de 2024, la Segunda Sala, al resolver el amparo en revisión 164/2023, declaró inconstitucional la reforma a la Ley de la Industria Eléctrica de marzo de 2021 y determinó que, al ceñir los efectos exclusivamente a las quejosas se provocaría un tratamiento diferenciado que no es apto para restituir en el pleno goce de los principios y derechos constitucionales violados, además de que resultaría materialmente imposible, pues no se puede concebir el fun-

---

41 AR 170.pdf (scjn.gob.mx)

cionamiento de esa industria de manera dispar. Esto es, en un mismo mercado, el comportamiento del Estado (como rector de la industria y como empresa paraestatal) no puede ubicarse en un plano frente a ciertos particulares y, frente a otros, en diverso plano.[42]

42 AR 164.pdf (scjn.gob.mx)

IX. La suspensión en amparo directo

El amparo directo nació a partir de la polémica que planteó Emilio Rabasa en 1906, en su célebre obra *El artículo 14 y el juicio constitucional*, pues hasta entonces todos los amparos, sin importar la materia de que se tratara, se tramitaban en dos instancias. La primera ante un juez de Distrito, y, la segunda, invariablemente, ante la SCJN. Rabasa fue el primero en distinguir cuándo el amparo funciona como "juicio" y cuándo como un "recurso".[1]

Esto influyó en el Constituyente de 1917, pues la fracción VIII del artículo 107 estableció lo siguiente: *"Cuando el amparo se pida contra una sentencia definitiva, se interpondrá directamente ante la SCJN, presentándole escrito con la copia de que se habla en la regla anterior..."*.[2] Por esta razón, al amparo contra sentencias definitivas se le denominó "amparo directo", precisamente porque su presentación se hacía directamente ante la SCJN. Luego, la práctica forense se encargó de denominar al amparo

---

1 "Pero la ley es impotente para cambiar la naturaleza de las cosas, y la diferencia entre juicios y recursos depende de la naturaleza de la reclamación que los origina, y se funda en la diferencia irreductible entre el todo y la parte; el juicio no se inicia sino intentando una acción para intentar la satisfacción de un derecho; comienza por la demanda y concluye por la sentencia que causa ejecutoria; el recurso se entabla sobre una resolución judicial para reclamar la revisión y tiene por objeto que se corrija la mala aplicación de una ley..." En Emilio Rabasa, El artículo 14 y el juicio constitucional, Porrúa, México, 2000, p. 97.

2 Diario Oficial de la Federación, 5 de febrero de 1917.

contra otros actos "indirecto" debido a que se presentaba ante un juez de Distrito.[3]

La SCJN siguió conociendo de "amparos directos" hasta la reforma de 17 de febrero de 1951, con la creación de los tribunales colegiados de circuito que, a partir de entonces, asumieron la competencia para conocer de estos juicios.[4]

PROCEDENCIA DEL JUICIO DE AMPARO DIRECTO Y DE LA SUSPENSIÓN

En la actualidad, los artículos 107, fracción V, de la CPEUM, y 170 de la Ley de Amparo, establecen la procedencia del juicio de amparo directo contra sentencias definitivas, laudos y resoluciones que pongan fin al juicio, dictadas por los tribunales judiciales, administrativos, agrarios o del trabajo, así como en contra de las violaciones cometidas durante el procedimiento que trasciendan al resultado del fallo.

Durante la novena época, bajo la vigencia de la Ley de Amparo de 1936, las cuestiones relacionadas con la competencia y la procedencia del juicio de amparo directo se encontraban estrechamente vinculadas. Al respecto, la jurisprudencia de la SCJN sostenía que los tribunales colegiados de circuito eran competentes para conocer del juicio de amparo directo contra sentencias definitivas, sólo en el supuesto de que se hubiera agotado el recurso o medio de defensa procedente.

---

3 La primera referencia sobre este concepto la encontramos hasta la Ley de Amparo de 2013.

4 De ese modo se eliminaron los amparos contra sentencias definitivas de dos instancias, como regla general, y el conocimiento de éstos por la Suprema Corte de Justicia de la Nación.

Así se estableció en la jurisprudencia P./J. 16/2003, de rubro: "*AMPARO DIRECTO. SI EL ACTO QUE SE RECLAMA NO ES UNA SENTENCIA DEFINITIVA, EL TRIBUNAL COLEGIADO DE CIRCUITO DEBERÁ DECLARARSE INCOMPETENTE Y REMITIR LA DEMANDA AL JUEZ DE DISTRITO QUE CORRESPONDA.*"[5]

En la actualidad, a partir de la reforma constitucional del 6 de junio de 2011 y de la expedición de la Ley de Amparo de 2 abril de 2013, la SCJN ha sostenido que los tribunales colegiados son competentes para conocer de las demandas de amparo promovidas en contra de sentencias que decidan el juicio de origen en lo principal, aun cuando no se hubiere agotado el medio ordinario de defensa previsto en la ley para combatirlas, ya que en contra de éstas es procedente la vía de tramitación directa y, en todo caso, corresponderá analizar a dichos órganos lo relativo a la satisfacción o no del principio de definitividad.

Este criterio se encuentra contenido en la jurisprudencia P./J. 6/2015 (10a.), del Pleno de la SCJN, de rubro: "*TRIBUNALES COLEGIADOS DE CIRCUITO. SON COMPETENTES PARA CONOCER DE LAS DEMANDAS DE AMPARO PROMOVIDAS CONTRA SENTENCIAS QUE DECIDAN EL JUICIO DE ORIGEN EN LO PRINCIPAL, AUNQUE NO SE HAYA AGOTADO EL MEDIO ORDINARIO DE DEFENSA PREVISTO PARA IMPUGNARLAS (LEY DE AMPARO VIGENTE A PARTIR DEL 3 DE ABRIL DE 2013).*"[6]

En correspondencia con el mencionado artículo 170 de la Ley de Amparo, la suspensión en amparo directo procede contra sentencias definitivas, laudos o resoluciones que pongan fin a juicio, dictadas por los tribunales judiciales, administrativos, agrarios o del trabajo.

---

5 Registro digital: 183941.

6 Registro digital: 2008791.

TIPOS DE SUSPENSIÓN EN EL AMPARO DIRECTO

En amparo directo la suspensión se encuentra regulada, de manera general, en los artículos 190 y el 191 de la Ley de Amparo, que atienden a la misma metodología de la suspensión en amparo indirecto. Es decir, una sección para la suspensión en general, que comprende las materias civil, administrativa, agraria y del trabajo,[7]de lo cual se ocupa el artículo 190, y otra sección dedicada a la suspensión en materia penal, regulada en el artículo 191.

A su vez, el artículo 190 utiliza como normas complementarias 11 artículos de la parte general de la suspensión en amparo indirecto, al prever, en su último párrafo, que son aplicables, salvo en la materia penal, los artículos 125 (las modalidades de la suspensión),[8] 128 (la suspensión a petición del quejoso), 129 (los supuestos de perjuicio al interés social o a disposiciones de orden público), 130 (el tiempo para pedir la suspensión), 132 (el otorgamiento de garantía), 133 (el otorgamiento de contragarantía), 134 (el monto de la contragarantía), 135 (la garantía del interés fiscal), 136 (el surtimiento de los efectos de la suspensión), 154 (la modificación o la revocación de la suspensión) y 156 (el incidente para hacer efectivas las garantías y las contragarantías).

---

7 Conforme a la división temática existente en la práctica y que, asimismo, norma el vigente acuerdo general 1/2013 del Pleno de la Suprema Corte de Justicia de la Nación, en el numeral primero que establece que la Primera Sala conocerá de las materias civil y penal, en tanto que la Segunda Sala, de las materias administrativa y del trabajo. La existencia de dos salas en el tribunal constitucional puede verse, por ejemplo, en el Tribunal Constitucional alemán (Bundesverfassungsgericht). Al respecto, consúltese Peter Häberle, El Tribunal Constitucional como tribunal ciudadano. El recurso constitucional de amparo, trad. Joaquín Brage Camazano, Fundación Universitaria de Derecho, Administración y Política, México, 2005.

8 Sólo en lo que se refiere a la suspensión a petición del quejoso.

Esto significa que la medida cautelar en amparo directo utiliza una parte medular de las previsiones de la suspensión en amparo indirecto, a lo cual hay que agregar, desde luego, la interpretación que ha realizado la SCJN.

El artículo 190 contempla un régimen especial para la suspensión en materia del trabajo, cuando el laudo -en los asuntos tramitados bajo el régimen tradicional- o la sentencia -en el nuevo sistema-,[9] lo mismo que la resolución que pone fin a juicio, ha resultado favorable a la parte obrera. En esos casos establece que la suspensión se concederá, a juicio del presidente del tribunal respectivo, siempre que no se ponga a la parte trabajadora en peligro de subsistir mientras se resuelve el juicio, en los cuales sólo se suspenderá la ejecución en cuanto exceda de lo necesario para asegurar tal subsistencia.

Este precepto tiene su origen en la Ley de Amparo de 1936. Su artículo 174 previó que, tratándose de laudos de las juntas de conciliación y arbitraje, la suspensión sería procedente en los casos en que, a juicio del presidente de la junta, no se pusiera en peligro a la parte obrera (que obtuvo una sentencia favorable) de no poder subsistir mientras se resolvía el juicio de amparo; para luego determinar una importante salvedad: que la suspensión surtiría sus efectos en los términos previstos para la materia civil o administrativa, a menos que se constituyera contrafianza por el tercero perjudicado. Este texto perduró hasta la expedición de la Ley de Amparo vigente.

Durante la décima época, al interpretar la legislación de amparo vigente, el Pleno de la SCJN se pronunció sobre el plazo en el cual se debe garantizar la subsistencia del trabajador. Al respecto estableció que la Ley de Amparo no señala de manera específica el plazo para que se resuelva el juicio constitucional, a efecto de fijar el monto de la garantía para tales efectos; de ahí

---

9 En términos del artículo séptimo transitorio de la reforma a la Ley Federal del Trabajo de 1° de mayo de 2019.

que, para determinarlo, debe atenderse al tiempo probable de su duración, ya que durante ese plazo habrá de estar suspendida la ejecución.

Al respecto, el Pleno llegó a la conclusión de que el plazo promedio, atendiendo a la regulación de la materia, es de seis meses, sin dejar de considerar que ello no siempre ocurre durante los plazos legales, pues en la práctica pueden existir distintas cuestiones que generarán un aumento en el lapso para su resolución. Entonces consideró que es válido que la autoridad facultada para resolver sobre la suspensión pueda aumentarlo, siempre y cuando advierta razones que justifiquen que la duración del juicio se prolongará más allá de la regla general apuntada, sin perjuicio de que el tercero interesado pueda solicitar, por hecho superveniente, el aumento de la garantía por la demora en la solución del juicio. De igual forma, precisó que el citado plazo puede disminuirse cuando la suspensión se solicite con posterioridad a la presentación de la demanda, en cuyo caso la duración del juicio naturalmente será menor.

De este criterio derivó la jurisprudencia P./J. 35/2018, de rubro: *"SUSPENSIÓN EN EL JUICIO DE AMPARO DIRECTO. FORMA DE CALCULAR EL PLAZO QUE DEBE TOMARSE EN CUENTA A EFECTO DE FIJAR EL MONTO DE LA GARANTÍA PREVISTA EN EL ARTÍCULO 132 DE LA LEY DE AMPARO."*[10]

Por otra parte, la Segunda Sala de la SCJN, al analizar los alcances que debe tener la suspensión en el juicio de amparo directo en materia de trabajo, señaló que existen dos conceptos previstos en la Ley de Amparo que había que considerar para resolver sobre esa cuestión: *i)* la garantía de subsistencia del trabajador, prevista en el artículo 190, párrafo segundo; y, *ii)* los daños y perjuicios que se pueden causar al trabajador en términos del artículo 132 de la misma ley.

---

[10] Registro digital: 2018983

La Segunda Sala estableció que cuando el quejoso es el patrón, también deberá otorgar garantía bastante para reparar el daño e indemnizar los perjuicios originados de no obtener sentencia favorable. Al respecto señaló que, a diferencia de la primera cláusula de protección que tiene por objeto asegurar la subsistencia del trabajador, los daños y perjuicios se sitúan en un momento posterior, ya que son una consecuencia de la suspensión y, por ende, representan figuras diversas que no se contraponen. De este modo, de proceder la suspensión, cuando el patrón comparece como quejoso, deberá entregar la cantidad considerada como necesaria para que subsista el trabajador y, además, otorgar garantía suficiente para reparar los daños y perjuicios que pudieran ocasionarse con su otorgamiento.

De este criterio derivó la jurisprudencia 2a./J.94/2018, de rubro: "*SUSPENSIÓN EN AMPARO DIRECTO EN MATERIA DE TRABAJO. RESPECTO DEL EXCEDENTE QUE ASEGURE LA SUBSISTENCIA DEL TRABAJADOR, EL QUEJOSO DEBE OTORGAR GARANTÍA PARA REPARAR LOS DAÑOS Y PERJUICIOS QUE PUDIERAN OCASIONARSE CON LA CONCESIÓN DE AQUÉLLA.*"[11]

El segundo tipo de suspensión se refiere a la materia penal en amparo directo, prevista en el artículo 191 de la Ley de Amparo. Ese precepto establece que, cuando se trate de juicios de orden penal, la autoridad responsable, con la sola presentación de la demanda, ordenará suspender de oficio y de plano la resolución reclamada. Es decir, paralizará las cosas en el estado que se encuentren. Por eso, el propio precepto señala que, si comprende la privación de la libertad, la suspensión surtirá el efecto de que el quejoso quede a disposición del órgano jurisdiccional de amparo, por mediación de la autoridad responsable. Esto es, que el efecto no es el otorgamiento de la libertad, sino la tutela de sus derechos humanos por parte del juzgador federal.

---

11 Registro digital: 2017848.

TRÁMITE DE LA SUSPENSIÓN EN EL AMPARO DIRECTO

En la suspensión del amparo directo tanto la demanda como la solicitud de suspensión deberán presentarse ante la autoridad responsable. Esta última será quien decida sobre la suspensión del acto reclamado y respecto de los requisitos para su eficacia. De conformidad con el artículo 190 de la Ley de Amparo, la autoridad tiene un plazo de 24 horas, a partir de la solicitud, para resolver sobre la medida cautelar.

A diferencia del amparo indirecto, en la suspensión en amparo directo no se forma incidente de suspensión, esto es, no se apertura un cuaderno por separado del principal para su trámite, sino que éste se lleva a cabo en el propio juicio del que emana la resolución reclamada. Esto se explica porque no es necesario tramitar una incidencia por cuerda separada cuando ya se tienen todos los elementos para pronunciarse sobre la medida cautelar.

Otra divergencia importante se encuentra en las etapas que conforman la suspensión. En amparo indirecto consta de dos fases: una primera de índole provisional y una segunda de carácter definitiva que, de otorgarse, sus efectos perduran hasta en tanto causa ejecutoria la sentencia de fondo. Esto, al igual que la formación del incidente, encuentra justificación en el hecho de que al recibir la demanda de amparo el juez de Distrito no cuenta con todos los elementos para pronunciarse sobre la medida cautelar, por lo que es necesario hacer un pronunciamiento provisional con los elementos que tiene al recibir la demanda, y otro definitivo una vez que se han recabado los informes de las responsables y las pruebas de las partes. En cambio, el trámite de la suspensión en amparo directo se lleva a cabo en una sola etapa, ya que, en este caso, la autoridad tiene el expediente de origen y, por lo tanto, cuenta con todos los elementos para realizar un pronunciamiento, de manera que la suspensión que ésta dicte será la única fase procedimental.

Respecto de los efectos de la suspensión, en amparo directo sólo pueden paralizar el acto reclamado y no tienen alcances restitutorios, a diferencia de lo que puede ocurrir con el amparo indirecto. Lo anterior atiende precisamente a la naturaleza de los actos reclamados que se combaten en amparo directo, pues al tratarse de sentencias definitivas, laudos y resoluciones que pongan fin a juicio, éstos solamente pueden paralizarse, ya que de permitirse la restitución provisional de los derechos humanos que el quejoso aduce como violentados puede quedar sin materia el juicio y generar un estado de indefensión en perjuicio del tercero interesado.

Recientemente, el Pleno de la SCJN, en sesión de 9 de enero de 2024, al resolver la contradicción de criterios 89/2023, estableció que para conceder la suspensión en el juicio de amparo directo no es posible analizar la apariencia del buen derecho, debido a que la legislación de amparo no lo autoriza y porque contraviene a mecánica de la suspensión en la vía directa.[12]

Como hemos visto, el tema de la suspensión en amparo directo requiere una profunda reflexión y análisis, pues sus implicaciones son muy amplias, por lo cual en este apartado nos hemos ocupado de analizar aquellas que permiten fijar sus principales elementos y características generales.

---

12 El engrose se encuentra pendiente a la fecha de publicación de esta obra.

X. *El cumplimiento de la suspensión*

Desde la primera Ley de Amparo de 1861, se estableció la suspensión como medida cautelar en el juicio de amparo, pero no los mecanismos jurisdiccionales para hacerla efectiva.[1] Muy pronto se advirtió la resistencia de las autoridades a cumplir con las órdenes de suspensión, por lo cual, la Ley de Amparo de 1869 previó un procedimiento para su acatamiento, que concluía con el "encausamiento" de la responsable y de su superior jerárquico (con la aplicación de las normas de la ejecución de sentencias).

La Ley de 1882, de mejor manufactura, incluyó un capítulo dedicado a la suspensión del acto reclamado y estableció, para el cumplimiento de ésta, el uso de la fuerza pública (en referencia a las normas aplicables a la ejecución de sentencias). La legislación de 1897 (que reguló el amparo en el Código de Procedimientos Federales)[2] continuó con la tendencia de remitir el cumplimiento de la suspensión a la ejecución de las sentencias, lo cual se replicó en la regulación de 1909, en la Ley de Amparo de 1919 y en el texto original de la ley de 1936.

---

1 Con una clara influencia del writ of injunction norteamericano. Véase Ignacio Burgoa, El juicio de amparo, Porrúa, México, 2004, p. 81.

2 Durante la época conocida como el Porfiriato mexicano (1877-1910) el amparo careció de autonomía legislativa y se le normó como un procedimiento federal más, al estar inserto en el Código de Procedimientos Federales y más tarde en el Código Federal de Procedimientos Civiles de 1909.

El cambio más importante para contar con una normatividad especial que garantizara el cumplimiento de la suspensión del acto reclamado tuvo lugar hasta la expedición de la Ley vigente, en 2013.[3] Esta nueva legislación recogió gran parte de los criterios que sustentó la SCJN durante la octava y novena épocas.[4] En la actual Ley de Amparo existen diversos mecanismos para asegurar el cumplimiento de la suspensión, tanto provisional como definitiva.

A continuación realizaremos un análisis de las disposiciones de la Ley de Amparo relativas al cumplimiento de la suspensión, desde los siguientes aspectos: *1)* quiénes son los sujetos obligados a su cumplimiento; *2)* los efectos de la medida cautelar; *3)* el momento en que surte sus efectos; *4)* el incidente por incumplimiento, exceso o defecto de las determinaciones sobre la suspensión; y, *5)* los delitos derivados del incumplimiento de la medida cautelar.

SUJETOS OBLIGADOS

Una vez otorgada la medida cautelar, debe precisarse que corresponde su acatamiento a los que, desde ahora, denominaré "sujetos obligados". Éstos son, en principio, las autoridades responsables a las que el quejoso ha señalado como tales en la demanda de amparo.

---

3 La Ley de 1936 fue objeto de varias reformas, entre ellas, a los artículos 95 (en el recurso de queja, para hacer procedente este recurso contra las responsables por exceso o defecto en la ejecución tanto de la suspensión provisional, como de la definitiva) y 206 (para prever el delito de abuso de autoridad, en materia federal, para la autoridad que "no obedezca el auto de suspensión debidamente notificado".

4 Pueden verse, como ejemplo, en el Semanario Judicial de la Federación las tesis con registro digital: 206399, 166151, 180237 o 200136.

De manera complementaria, en la práctica jurisdiccional se ha desarrollado el concepto de "autoridades vinculadas", partiendo del supuesto de que todas las autoridades, en el ámbito de su competencia, están obligadas al cumplimiento de la suspensión otorgada, aun en el supuesto de que no hubieran sido llamadas como responsables. Esto tiene su fundamento en la aplicación analógica del artículo 197 de la Ley de Amparo que establece, en lo conducente, que todas las autoridades que tengan o deban tener intervención en el cumplimiento de una sentencia están obligadas a realizar los actos necesarios para su cumplimiento eficaz.

Además, el artículo 149 de la ley también vincula a los particulares que, en virtud de mandato expreso de una normal general o de alguna autoridad, tengan o deban tener intervención en la ejecución, efectos o consecuencias del acto reclamado (por eso denominados particulares vinculados). En este supuesto, la autoridad responsable debe ordenar al particular que tome las medidas para el cumplimiento estricto de la suspensión otorgada.

Este último supuesto derivó de la jurisprudencia 2a./J. 148/2012 (10a.), de la Segunda Sala de la SCJN, en la que sostuvo, en lo fundamental, que si los particulares obran en virtud del mandato o autorización de la autoridad, y ésa es la causa directa de su actuación (como es el caso de la ejecución de una autorización, permiso o licencia a cargo de particulares), eso no impide el otorgamiento de la medida cautelar, como tampoco implica que el acto de autoridad pueda considerarse de particulares. La jurisprudencia se publicó con el rubro: "*SUSPENSIÓN EN EL JUICIO DE AMPARO. PROCEDE CONCEDERLA CONTRA LA EJECUCIÓN DE UNA AUTORIZACIÓN, PERMISO O LICENCIA A CARGO DE PARTICULARES.*"[5]

5 Registro digital: 2004604.

EFECTOS

En relación con el juicio de amparo indirecto, el artículo 138, fracción I, de la Ley de Amparo, establece que, de concederse la suspensión provisional, el órgano jurisdiccional fijará los requisitos y los efectos de la medida. De manera correlativa, el artículo 146, fracción IV, señala que cuando se otorga la suspensión definitiva deberán precisarse los efectos para su estricto cumplimiento.

Respecto del otorgamiento de la suspensión definitiva, el artículo 147, primer párrafo, prevé que el juez deberá fijar la situación en que habrán de quedar las cosas y tomará las medidas pertinentes para conservar la materia del amparo hasta la terminación del juicio, pudiendo establecer condiciones para que la medida siga surtiendo efectos.

El Pleno de la SCJN ha interpretado el mencionado párrafo, en el sentido de que el juzgador está legalmente facultado para precisar, conforme a su prudente arbitrio, las consecuencias y/o el estatus legal en que deban quedar las cosas a partir de que se conceda la medida cautelar, sin importar que para ello se aparte de los efectos propuestos por el quejoso, ya sea para maximizarlos o ajustarlos a las necesidades del caso concreto, ya que se trata de conservar la materia del juicio de amparo y no de limitarse mecánicamente a proveer la suspensión en los términos solicitados. Así quedó establecido en la jurisprudencia P./J. 4/2019 (10a.), de rubro: *"SUSPENSIÓN. EL JUZGADOR PUEDE CONCEDERLA PARA EFECTOS Y CONSECUENCIAS DISTINTAS DE LAS PROPUESTAS POR EL QUEJOSO, PERO NO POR ACTOS NO RECLAMADOS EN LA DEMANDA."*[6]

El propio artículo 147, en su párrafo tercero, señala, en lo conducente, que el juzgador deberá tomar las medidas necesarias para que no se defrauden los derechos de los menores y de los incapaces.

---

6 Registro digital: 2019200.

De manera complementaria, cuando el amparo se promueve contra normas generales, el artículo 148 hace una diferencia entre los que se promuevan contra normas autoaplicativas, caso en el cual la medida cautelar se otorgará para impedir los efectos y las consecuencias en perjuicio del quejoso y, tratándose de normas heteroaplicativas, además de dichos efectos, la suspensión se decretará en relación con los efectos y las consecuencias subsecuentes del acto de aplicación.

MOMENTO EN QUE SURTE EFECTOS LA SUSPENSIÓN

La Ley de Amparo es clara al establecer en su artículo 136 que la suspensión surtirá sus efectos desde que se pronuncie el acuerdo relativo, aun cuando sea recurrido. Sin embargo, algunos "sujetos obligados" han señalado que es necesario que sean notificados de la medida cautelar provisional o definitiva para que ésta les resulte obligatoria.

Lo dispuesto en este artículo fue retomado del artículo 139 de la abrogada Ley de Amparo de 1936. En aquél se preveía que el auto en que un juez de Distrito conceda la suspensión surtiría sus efectos "desde luego", aunque se interpusiera el recurso de revisión. La Primera Sala de la SCJN interpretó este artículo, en el sentido de que la expresión prepositiva "desde luego" significa "inmediatamente", ya que de otra manera se haría nugatoria la medida cautelar y le quitarían todo efecto, de manera que los efectos de la suspensión no estarían supeditados a su notificación.

Lo anterior quedó establecido en la jurisprudencia 1a./J. 33/2014 (10a.), de rubro: *"SUSPENSIÓN EN EL JUICIO DE AMPARO. SURTE SUS EFECTOS AL DECRETARSE Y NO AL NOTIFICARSE."* [7]Así también lo había determinado el Pleno

---

7 Registro digital: 189848.

de la SCJN, bajo la vigencia de la legislación de amparo abrogada, en la jurisprudencia P./J. 43/2001, de rubro: "*SUSPENSIÓN PROVISIONAL. SURTE SUS EFECTOS DESDE LUEGO, SIN QUE PARA ELLO SE REQUIERA LA EXHIBICIÓN DE LA GARANTÍA RESPECTIVA.*"[8]

Entonces, conforme a dichas jurisprudencias, la única consecuencia de la falta de notificación es relevar a la autoridad de la responsabilidad frente a su incumplimiento, pero no implica que no surta efectos desde su dictado.

Como analizamos en el capítulo quinto, una cuestión importante se suscitó en relación con el artículo 135 de la Ley de Amparo respecto del cobro de contribuciones o créditos de naturaleza fiscal. Este precepto establece que la suspensión de acto reclamado podrá concederse discrecionalmente si se ha constituido o se constituye garantía del interés fiscal, lo que supondría, en principio, el cumplimiento de una condición previa para el surtimiento de sus efectos.

Al respecto, esta disposición ha sido interpretada en el sentido de que, para que surta efectos la medida cautelar, no es necesario que se haya otorgado previamente la garantía, sino que ésta surte efectos desde el momento en que se pronuncie el acuerdo relativo, como lo establece el artículo 136, pero condicionado a que se otorgue la garantía fijada, dentro del plazo de 5 días contados a partir del siguiente al que en surta efectos la notificación del acuerdo de suspensión, según lo establece el segundo párrafo del citado precepto.

De igual forma, es importante recordar que de conformidad con el artículo 136, párrafo segundo, de la Ley de Amparo, cuando no se exhiba la garantía dentro del plazo de 5 días y así lo determine el órgano jurisdiccional, la medida cautelar dejará de surtir sus efectos, lo que se notificará a las autoridades responsables, quienes podrán ejecutar el acto reclamado,

---

8 Registro digital: 2006797.

sin perjuicio de que el quejoso pueda exhibir la garantía en un momento posterior y si la autoridad responsable no ha ejecutado el acto reclamado, la medida cautelar vuelva a surtir efectos.

INCUMPLIMIENTO DE LA SUSPENSIÓN

Como hemos visto, para lograr el exacto cumplimiento de las resoluciones en materia de suspensión, los jueces cuentan con amplias facultades para hacer cumplir sus determinaciones. El artículo 158 de la Ley de Amparo señala que para la ejecución y el cumplimiento de las resoluciones en esa materia se observarán las reglas del título quinto de la propia ley que prevén el incidente por incumplimiento, exceso o defecto, que analizaremos a continuación. De igual forma, señala que, cuando la naturaleza del acto lo permita, podrá hacer cumplir la resolución suspensional o tomar las medidas para el cumplimiento.

El incumplimiento de la suspensión del acto reclamado puede darse respecto de la suspensión provisional, o bien sobre la de plano o la definitiva. En los últimos dos supuestos, de acuerdo con el artículo 206 de la Ley de Amparo, es procedente, de manera expresa, el "incidente por exceso o defecto en el cumplimiento de la suspensión".[9] En cambio, no se prevé así para el incumplimiento de la suspensión provisional.

Lo anterior generó criterios contradictorios de algunos tribunales colegiados de circuito. Unos sostuvieron que el referido incidente también es procedente si se trata del incumplimiento de la suspensión provisional; mientras que otros señalaron que ese incidente está reservado únicamente al incumplimiento de las suspensiones de plano o la definitiva. En

---

9 Véase Raúl Chávez Castillo Los incidentes en la nueva Ley de Amparo, Porrúa, México, 2014, p. 78.

sesión de 11 de enero de 2024, el Pleno de la SCJN resolvió la contradicción de criterios 523/2019, en la que resolvió que ese incidente resulta igualmente aplicable tratándose de la suspensión provisional.[10]

El incidente procede contra las autoridades responsables por el incumplimiento de la suspensión, por exceso o defecto en su ejecución, o por admitir, con notoria mala fe o negligencia inexcusable, fianza o contrafianza que resulte ilusoria o insuficiente.

Este incidente debe promoverse ante el juez de Distrito o ante el Tribunal Colegiado de Apelación, según los supuestos de competencia específica en amparo indirecto. En términos del artículo 208, este incidente debe promoverse por escrito, en el que se ofrecerán las pruebas; el órgano jurisdiccional fijará una audiencia dentro de los siguientes 10 días y requerirá a la autoridad para que rinda un informe. Finalmente, existe una audiencia de recepción de pruebas, alegatos y resolución.[11]

Luego, conforme al artículo 209, si se demuestra que la autoridad no ha cumplido con la suspensión o que lo ha hecho de manera excesiva o defectuosa, se le requerirá para que cumpla, en el plazo de 24 horas, con la suspensión otorgada. De no hacerlo, podrá ser denunciada por los delitos señalados en las fracciones III y IV del artículo 262, de acuerdo con el supuesto aplicable.

Es importante señalar que en términos del artículo 262, último párrafo, de la Ley de Amparo, este incidente puede promoverse en cualquier tiempo, mientras no cause ejecutoria la resolución que se dicte en el juicio de amparo, lo que resulta acorde con la naturaleza de la propia medida, que tiene una vigencia desde su dictado y hasta en tanto se resuelva de manera definitiva el juicio principal.

---

10 El engrose se encuentra pendiente a la fecha de publicación de esta obra.

11 Como se advierte, este procedimiento es muy similar al del incidente de suspensión a petición del quejoso.

En contra de la resolución que se dicte en éste incidente procede el recurso de queja, por disposición expresa del artículo 97, fracción I, inciso *g*, de la Ley de Amparo. El Pleno de la SCJN sostuvo que la materia y la finalidad de dicho recurso consisten en analizar la legalidad de la resolución emitida en el referido incidente, lo cual implica verificar si la suspensión se cumplió o no en sus términos y si la autoridad responsable estuvo en aptitud de rectificar los errores en que pudo haber incurrido, lo cual es un requisito para que, en su caso, el Ministerio Público de la Federación pueda o no proceder en materia penal.

Así quedó consignado en la jurisprudencia P./J. 21/2016 (10a.), de rubro: "*RECURSO DE QUEJA INTERPUESTO CONTRA LA INTERLOCUTORIA QUE RESUELVE EL INCIDENTE PROMOVIDO POR EXCESO O DEFECTO EN EL CUMPLIMIENTO DE LA SUSPENSIÓN. NO QUEDA SIN MATERIA CUANDO LA SENTENCIA DEL JUICIO DE AMPARO CAUSA EJECUTORIA.*"[12]

DELITOS DERIVADOS DEL INCUMPLIMIENTO DE LA SUSPENSIÓN

Finalmente, debe mencionarse que los delitos en que puede incurrir la autoridad responsable que no dé cumplimiento a la medida cautelar, en términos del referido artículo 209, en relación con las fracciones III[13] y IV[14] del artículo 262 de la Ley de

---

12 Registro digital: 2012800.

13 El tipo penal de la fracción III establece para el servidor público con el carácter de autoridad responsable que "No obedezca un auto de suspensión debidamente notificado, independientemente de cualquier otro delito en que incurra". Esta fracción se separa notoriamente de lo previsto en el artículo 136 de la Ley de Amparo, por cuanto éste establece que "La suspensión, cualquiera que sea su naturaleza, surtirá sus efectos desde el momento en que se pronuncie el acuerdo relativo, aun cuando sea recurrido".

14 La fracción IV prevé sancionar al servidor público con el carácter de autoridad responsable que "En los casos de suspensión admita, por

Amparo, se castigan con prisión, multa, destitución e inhabilitación de tres a nueve años.

Sin duda, el cumplimiento de la suspensión es una parte medular en el juicio de amparo, ya que, de lo contrario, el acto reclamado podría generar daños de imposible reparación e, incluso, quedar sin materia. Es de vital importancia continuar reflexionando sobre estos temas con el fin de lograr su mejor desarrollo y acatamiento.

---

notoria mala fe o negligencia inexcusable, fianza o contrafianza que resulte ilusoria o insuficiente".

XI. Los medios de impugnación en la suspensión

El concepto técnico de medios de impugnación no comprende sólo los recursos. El procesalista español Juan Montero Aroca señala que los medios de impugnación son: *"instrumentos legales puestos a disposición de las partes para intentar reformar o declarar la nulidad de las resoluciones jurisdiccionales. Con esta expresión (medios de impugnación), o sus derivados, se designa tanto el acto de parte con el que se pide la modificación de la resolución, como la actividad que realiza el órgano jurisdiccional que conoce de la petición."*[1]

El procesalista y constitucionalista Héctor Fix-Zamudio consideró que los medios de impugnación *"configuran los instrumentos jurídicos consagrados por las leyes procesales para corregir, modificar, revocar o anular los actos y las resoluciones judiciales, cuando adolecen de deficiencias, errores, ilegalidad o injusticia"*,[2] para luego reconocer que se trata de una institución sumamente compleja que *"ha ocasionado numerosos debates"*. Entre los medios de impugnación, Fix-Zamudio enumera los remedios procesales, los recursos y los procesos impugnativos.

José Ovalle Favela, en su *Teoría general del proceso*, señala que los medios de impugnación pueden ser de tres tipos: los incidentes, los recursos y los procesos. Aunque sus apreciaciones están referidas a la materia procesal civil, son aplicables al resto de los procesos, ya que éstos son parte de la propia teoría general, pues comparten características comunes (las partes, la

---

1 Juan Montero Aroca, en *Los medios de impugnación*. Disponible en http://revistas.juridicas.unam.mx.

2 Héctor Fix-Zamudio, "Medios de impugnación", en *Diccionario jurídico mexicano*, vol. I-O, Porrúa/UNAM-Instituto de Investigaciones Jurídicas, México, 1999, pp. 2105-2108.

acción, la jurisdicción, la competencia, la prueba, la impugnación, el concepto de proceso, etcétera).[3]

A continuación haremos un esbozo de los medios de impugnación relativos a la suspensión del acto reclamado en el juicio amparo, en su sentido más amplio y técnico, es decir, de los instrumentos legales puestos a disposición de las partes para intentar reformar o declarar la nulidad de las resoluciones jurisdiccionales -en los términos de Montero Aroca-, o bien de los instrumentos jurídicos consagrados por las leyes procesales para corregir, modificar, revocar o anular los actos y las resoluciones judiciales, cuando adolecen de deficiencias, errores, ilegalidad, conforme a lo expresado por Fix-Zamudio. Así también hemos de recurrir a la clasificación de Ovalle Favela para referirnos no sólo a los recursos, sino también a los incidentes impugnativos.[4]

En la Ley de Amparo se contemplan cuatro recursos: queja, revisión, reclamación e inconformidad. Los tres primeros están previstos en el capítulo XI del título primero denominado "Reglas generales."; el cuarto recurso (inconformidad) se encuentra en un título y un capítulo diversos: el título tercero "Cumplimiento y ejecución" del capítulo III. Esta distribución se podría calificar como una imprecisión de técnica legislativa, ya que, aunque todos son recursos legales del juicio de amparo, están ubicados en distintos apartados del ordenamiento legal. En materia de suspensión sólo son aplicables el recurso de queja y el de revisión.

---

3 Hay que recordar que la teoría procesal general nació vinculada al derecho civil, como puede verse en innumerables obras. Entre ellas las de procesalistas de la talla de Oscar von Bülow, Adolf Wach, Piero Calamandrei, Mauro Cappelleti, Francesco Carnelutti, entre otros. Puede verse, Ovalle Favela, José, Teoría general del proceso, México, Oxford University Press, 2005.

4 *Vid. supra* nota 115.

LOS MEDIOS DE IMPUGNACIÓN EN AMPARO INDIRECTO

La suspensión provisional

El artículo 97, fracción I, inciso *b)*, de la Ley de Amparo, establece que contra las resoluciones que concedan o nieguen la suspensión provisional procede el recurso de queja. Este último se debe interponer en un plazo de dos días, según lo establece el artículo 98, fracción I. El artículo 99, párrafo primero, del mismo ordenamiento, dispone que deberá plantearse ante el órgano jurisdiccional que conozca del juicio de amparo,[5] el cual notificará a las partes y de inmediato remitirá al Tribunal Colegiado que corresponda copia de la resolución, el informe materia de la queja, las constancias solicitadas y las que estime pertinentes. En este caso, el Tribunal Colegiado debe resolver en un plazo de 48 horas de conformidad con el artículo 101, último párrafo, de la Ley de Amparo.

En 2017, la Primera Sala de la SCJN estableció -en la jurisprudencia 1a./J. 26/2017- que el trámite de la queja quedaba supeditado a que el juez de Distrito notificara a las partes la determinación que hubiere adoptado sobre la suspensión provisional y remitiera de inmediato las constancias respectivas al Tribunal Colegiado para el trámite del recurso. La Sala sostuvo que si la única forma de corroborar el cumplimiento de dicha obligación era a través de las constancias que acreditaran la notificación a las partes, entre ellas al recurrente, ello constituía una formalidad insoslayable que no alteraba la naturaleza urgente de ese recurso.[6]

---

5 Esto es, el juez de Distrito o el Tribunal Colegiado de Apelación.

6 De rubro: "RECURSO DE QUEJA PREVISTO EN EL ARTÍCULO 97, FRACCIÓN I, INCISO *B)*, DE LA LEY DE AMPARO. SU TRÁMITE ESTÁ SUPEDITADO A QUE EL JUEZ DE DISTRITO REMITA INMEDIATAMENTE LAS CONSTANCIAS RESPECTIVAS AL TRIBUNAL COLEGIADO DE CIRCUITO, ACOMPAÑANDO

Sin embargo, en la mayoría de los casos este requisito provocaba que el recurso de queja quedara sin materia, ya que debía resolverse por el Tribunal Colegiado en un plazo de 48 horas, pero la audiencia incidental debía celebrarse dentro de los 5 días siguientes al acuerdo en el que se proveyó sobre la suspensión provisional;[7] de ahí que cuando el recurso se remitía debidamente integrado, con las constancias de notificación a las partes de la suspensión provisional, el juez de Distrito ya había resuelto lo relativo a la suspensión definitiva.

Luego, la propia Primera Sala interrumpió la jurisprudencia previamente señalada y al respecto sostuvo que, en atención a los artículos 17, párrafo tercero, de la CPEUM, y 25 de la CADH, no puede paralizarse el proceso con el argumento de que no se cuenta con las constancias de notificación, porque existe un deber de dictar la resolución en un plazo de 48 horas. De esta manera, la Primera Sala estableció que, atendiendo a la inmediatez con la cual debe sustanciarse el recurso de queja de carácter urgente, por ser interpuesto en contra de una determinación sobre la suspensión de plano o provisional -medida cautelar que busca la protección de derechos humanos- la obstaculización de su trámite por un formalismo sería contrario al derecho a un recurso sencillo, rápido y efectivo, porque se privilegiaría un requisito que podría dejar sin efectividad el juicio de amparo.

Este criterio quedó contenido en la jurisprudencia 1a./J. 126/2022, de rubro: *"RECURSO DE QUEJA PREVISTO EN EL ARTÍCULO 97, FRACCIÓN I, INCISO B), DE LA LEY DE AMPARO.*

LOS COMPROBANTES DE NOTIFICACIÓN A LAS PARTES DEL AUTO EN EL QUE SE TUVO POR INTERPUESTO AQUÉL." Registro digital: 2014429.

7 Conforme a lo dispuesto por el artículo 138 de la Ley de Amparo, la audiencia incidental debía celebrarse dentro de los cinco días siguientes; mientras que el recurso de queja debería resolverse dentro de las 48 siguientes, en el caso del artículo 97, fracción I, inciso b) de la Ley, esto último conforme al artículo 101, *in fine*, del propio ordenamiento.

LA OBLIGACIÓN QUE TIENE EL JUEZ DE DISTRITO DE REMITIR EL RECURSO CON LAS CONSTANCIAS DE NOTIFICACIÓN DEL AUTO QUE LO TUVO POR INTERPUESTO, NO PUEDE SER UN IMPEDIMENTO PARA SEGUIR SU TRÁMITE [INTERRUPCIÓN DE LA JURISPRUDENCIA 1A./J. 26/2017 (10A.)]."[8]

La suspensión definitiva

Contra las resoluciones que concedan o nieguen la suspensión definitiva, lo mismo que los acuerdos pronunciados en la audiencia incidental, procede el recurso de revisión, en términos de lo previsto en el artículo 81, fracción I, inciso *a)*, de la Ley de Amparo. El recurso de revisión debe interponerse en un plazo de 10 días por medio de la autoridad jurisdiccional que haya dictado la resolución recurrida, mediante escrito en el que se expresen los agravios que cause esa determinación (artículos 86 y 88). La competencia para resolver es de los tribunales colegiados de circuito (artículo 84).

El artículo 154 de la Ley de Amparo establece que la resolución sobre la suspensión definitiva podrá modificarse o revocarse, de oficio o a petición de parte, cuando ocurra un hecho superveniente que lo motive, mientras no se pronuncie sentencia ejecutoria. El propio artículo señala que el trámite es el mismo que el del incidente de suspensión, es decir, que se le da curso ante el juzgador que conoció de amparo. Y se trata, sin duda, de un incidente de carácter impugnativo, ya que la medida cautelar ha sido concedida o negada y la pretensión es reformar, corregir, modificar o incluso anular -utilizando la terminología de Montero Aroca y de Fix-Zamudio- los efectos de una resolución jurisdiccional.

Contra la resolución que modifique o revoque el acuerdo por el que se conceda o niegue la suspensión definitiva, o bien niegue la revocación o la modificación de esas determinaciones, al igual

---

8 Registro digital: 2025397.

que los acuerdos pronunciados en la audiencia correspondiente, procede el recurso de revisión, de conformidad con el artículo 81, fracción I, inciso *b*), de la Ley de Amparo.

Adicionalmente, los artículos 206 a 209 de la Ley de Amparo contemplan el incidente por exceso o defecto en el cumplimiento de la suspensión, el cual constituye otro medio impugnativo. En la abrogada Ley de Amparo de 1936, el medio de impugnación en contra del exceso o defecto en la ejecución del auto en que se hubiera concedido al quejoso la suspensión provisional o definitiva era el recurso de queja (artículo 95, fracción II, de la Ley abrogada). En este supuesto, se analizaba la actuación de la autoridad responsable.

Con la regulación vigente, el recurso de queja queda reservado para combatir la resolución del incidente de exceso o de defecto en la ejecución del acuerdo en que se haya concedido al quejoso la suspensión provisional o definitiva del acto reclamado (artículo 97, fracción I, inciso *g*).[9] Es decir, en el incidente se revisa la actuación de la responsable y a través del recurso la resolución que recae a dicho incidente.

Este último incidente puede promoverse en cualquier tiempo mientras no exista ejecutoria (artículo 206, primer párrafo) ante el juzgador que conoció de la primera instancia (artículo 207) y con un trámite que guarda cierta similitud con el de la suspensión a petición del quejoso. Recibido el escrito, en el que se ofrecen las pruebas respectivas, se emite un acuerdo sobre la admisión del incidente. Una vez admitido se corre traslado a las partes, se fija fecha para la audiencia, la que deberá celebrarse dentro de los 10 días siguientes y se requiere a la autoridad responsable para que rinda un informe. La audiencia es de recepción de pruebas, alegatos y concluye con el dictado de la resolución (artículo 208). De dictarse una interlocutoria favorable para el promovente, su

---

9 Es sabido que el incidente previsto en el artículo 206 de la Ley de Amparo está referido a la suspensión de plano o la definitiva y no a la provisional.

efecto es requerir a la autoridad responsable para que rectifique el error en que incurrió, apercibida de que, de no hacerlo, será denunciada ante el Ministerio Público de la Federación (artículo 209).

LA SUSPENSIÓN EN AMPARO DIRECTO

Tratándose de la suspensión en el juicio de amparo directo, el recurso previsto en la Ley de Amparo es el de queja. De conformidad con el artículo 97, fracción II, inciso *b)*, este recurso es procedente contra la autoridad responsable[10] en cuatro supuestos expresos: *a)* cuando no se provea sobre la suspensión en el plazo legal -24 horas-, conforme al primer párrafo del artículo 190 de la Ley de Amparo; *b)* cuando conceda o niegue la suspensión; *c)* cuando rehúse la admisión de fianzas o contrafianzas; y, *d)* cuando admita las que no reúnan los requisitos legales o puedan resultar excesivas o insuficientes.

Hemos precisado que el recurso de queja es procedente cuando la autoridad responsable admita fianzas o contrafianzas que sean insuficientes. Por su parte, el artículo 206 de la Ley de Amparo prevé el "incidente por exceso o defecto en el cumplimiento de la suspensión". Este incidente procede contra las autoridades responsables por admitir, con notoria mala fe o negligencia inexcusable, fianza o contrafianza que resulte ilusoria o insuficiente. En este caso, el incidente se promueve ante el Tribunal Colegiado de Circuito (artículo 207).

---

[10] Este supuesto es muy interesante, porque la autoridad que dictó la sentencia definitiva o la resolución que pone fin a juicio es parte procesal. Por lo tanto, es un recurso que procede contra el demandado en el proceso. Esto resulta relevante porque pone de relieve la flexibilidad de los conceptos en amparo. La misma consideración merece, respecto de este tema, el supuesto del artículo 206 de la Ley de Amparo, del cual nos ocupamos en el cuerpo de este capítulo.

Parecería que los dos supuestos se refieren a la misma hipótesis normativa. Pero no es así. Un sector de la doctrina ha sostenido que la diferencia consiste en que en el supuesto del artículo 206 se requiere un *elemento subjetivo:* que exista notoria mala fe o negligencia inexcusable de la autoridad responsable; mientras que para la interposición de la queja no se exige tal requisito.[11] De asumir este criterio doctrinal se podría generar una falta de certeza para el quejoso o tercero interesado, ya que tendría que valorar la existencia de un elemento subjetivo para tener que elegir entre interponer el recurso de queja o el incidente del artículo 206.

Al respecto, el Pleno de la SCJN consideró necesario realizar una interpretación sistemática de los artículos 206 a 209 de la Ley de Amparo. Así, respecto de fianzas o contrafianzas ilusorias, estableció que el incidente se puede interponer en cualquier tiempo mientras no cause ejecutoria la resolución que se dicte en el amparo; a diferencia del recurso de queja, en el que la interposición está limitada a un plazo de cinco días (artículo 98, primer párrafo).

Este criterio quedó contenido en la jurisprudencia P./J. 21/2016, de rubro: *"RECURSO DE QUEJA INTERPUESTO CONTRA LA INTERLOCUTORIA QUE RESUELVE EL INCIDENTE PROMOVIDO POR EXCESO O DEFECTO EN EL CUMPLIMIENTO DE LA SUSPENSIÓN. NO QUEDA SIN MATERIA CUANDO LA SENTENCIA DEL JUICIO DE AMPARO CAUSA EJECUTORIA."*[12]

El objeto del incidente impugnativo es determinar, en último término, si la responsable incurrió en el delito previsto en la fracción IV del artículo 262 de la Ley de Amparo;[13] en cambio,

---

11 Véase, por ejemplo, Raúl Chávez Castillo, *Los incidentes en la nueva Ley de Amparo*, Porrúa, México, 2014, pp. 83-88.

12 Registro digital: 2012800.

13 Sanciona con pena de tres a nueve años de prisión, multa de 50 a 500 días, destitución e inhabilitación de tres a nueve años, al servidor público que, con el carácter de autoridad responsable en el incidente de

el de la queja del artículo 97, fracción II, inciso *b),* es analizar la legalidad de la resolución relativa a fianzas y contrafianzas. Éste es, sin duda, un tema que requiere una atención detallada y especial.

Es importante señalar que el referido inciso *b)* de la fracción II del artículo 97 de la Ley de Amparo contiene sólo cuatro hipótesis que apuntarían a que esa porción normativa es limitativa. El Pleno de la SCJN sostuvo que los supuestos de procedencia del recurso de queja deben entenderse en una concepción amplia y armónica con los mandatos constitucionales de tutela judicial efectiva y de acceso a la justicia, de manera que el recurso de queja debe interpretarse funcional y sistemáticamente con el resto del ordenamiento de amparo.

Así, el Pleno estableció que los supuestos de procedencia del recurso de queja no son limitativos, sino que, en pro de una mejor administración de justicia y del principio de igualdad procesal, son enunciativos. Con base en este criterio consideró procedente el recurso de queja interpuesto por el tercero interesado contra el acuerdo que niega dejar sin efectos la suspensión del acto reclamado para proceder a su ejecución.

Este criterio quedó establecido en la jurisprudencia P./J. 16/2019, de rubro: *"RECURSO DE QUEJA EN AMPARO DIRECTO INTERPUESTO POR EL TERCERO INTERESADO. PROCEDE CONTRA EL ACUERDO DE LA AUTORIDAD RESPONSABLE EN EL QUE NIEGA DEJAR SIN EFECTOS LA SUSPENSIÓN DEL ACTO RECLAMADO PARA PROCEDER A SU EJECUCIÓN."*[14]

---

suspensión, en los casos de suspensión admita, por notoria mala fe o negligencia inexcusable, fianza o contrafianza que resulta ilusoria o insuficiente. Tampoco puede dejar de mencionarse que en la propia tesis de jurisprudencia que se cita, nuestro Máximo Tribunal ha estimado procedente el recurso de queja contra la resolución interlocutoria que se dicte en el incidente impugnativo que nos ocupa.

14 Registro digital: 2021430.

Finalmente, en cuanto al incidente por exceso o defecto en el cumplimiento de la suspensión, recodemos lo ya expuesto respecto del amparo indirecto, con la única salvedad de que, en amparo directo, este medio de impugnación debe interponerse ante el presidente del Tribunal Colegiado (artículo 207).

Así, es posible concluir que los medios de impugnación aún están por ser explorados en la teoría general del proceso, al igual que en el resto de las distintas ramas procesales. Su estudio integral y sistemático es de gran importancia, ya que los medios de impugnación representan la última instancia para un efectivo acceso a la justicia.

XII. La suspensión en materia de competencia económica

Hoy las economías en el mundo se desarrollan bajo esquemas que promueven la competencia y la libre concurrencia en los mercados, con la finalidad de brindar a los consumidores productos y servicios de mayor calidad y a menores precios. Esto hace necesario el estudio y la reflexión de estos temas. A continuación abordaré el origen y la evolución de la competencia económica en nuestro sistema jurídico, así como también su interpretación y su aplicación en el juicio de amparo, particularmente en la suspensión.

La competencia económica nació en el campo de la ciencia económica y de ahí se trasladó al Derecho, dada la necesidad de regular las situaciones jurídicas derivadas del funcionamiento de los mercados. La competencia se define como la coincidencia de oferentes y demandantes de bienes o servicios en un mercado delimitado en un sentido geográfico, temporal y productivo, con la finalidad de obtener un bien o un servicio (o una ganancia) en las mejores condiciones de utilidad y precio, dado un ambiente de rivalidad entre los competidores.[1] Su trascendencia en el panorama actual radica en el fomento de la actividad empresarial, la cual es determinante para el desarrollo de las economías mundiales.

Hacia el siglo XX el modelo de liberalización económica se había extendido en todo el mundo. Con la finalidad de integrarse a este esquema, el Estado mexicano suscribió varios convenios y tratados internacionales; además, logró adherirse a las

---

1 Witker, Jorge Alberto y Angélica Varela, *Derecho de la competencia económica en México,* Instituto de Investigaciones Jurídicas-UNAM, México, 2003, p. 3. Disponible en https://biblio.juridicas.unam.mx/.

organizaciones más importantes en materia de comercio.[2] En aras de dar cumplimiento a los compromisos adquiridos se llevaron a cabo los cambios legislativos y estructurales exigidos.

El 24 de diciembre de 1992 se publicó en el *DOF* la Ley Federal de Competencia Económica. En este ordenamiento se creó la Comisión Federal de Competencia, la primera autoridad antimonopolios del país; sin embargo, su actividad fue escasa debido a sus limitadas atribuciones. El 10 de mayo de 2011 se reformaron, adicionaron y derogaron diversas disposiciones de la referida ley, del Código Penal Federal y del Código Fiscal de la Federación para incrementar las multas por conductas monopólicas e incorporar las sanciones penales por acuerdos colusorios.[3]

El cambio más relevante ocurrió el 11 de junio de 2013, cuando se reformaron y se adicionaron los artículos 6°, 7°, 27, 28, 73, 78, 94 y 105 de la CPEUM. Entre estas modificaciones destacan las siguientes: *1)* la creación de la Comisión Federal de Competencia Económica (COFECE) como órgano encargado de garantizar la libre competencia y concurrencia, así como de prevenir, investigar y combatir los monopolios, las prácticas monopólicas, las concentraciones y demás restricciones al funcionamiento eficiente de los mercados; *2)* la creación del Instituto Federal de Telecomunicaciones (IFT), autoridad en materia de competencia económica de los sectores de radiodifusión y telecomunicaciones; *3)* el reconocimiento de la COFECE y del IFT como órganos constitucionales autónomos; y, *4)* el establecimiento de

---

2 Los acuerdos comerciales más importantes suscritos por el Estado mexicano fueron el Acuerdo General sobre Aranceles Aduaneros y Comercio, mejor conocido como GATT por sus siglas en inglés (General Agreement on Tariffs and Trade) y el Tratado de Libre Comercio de América del Norte (TLCAN). Por otra parte, México fue aceptado en la Organización para la Cooperación y el Desarrollo Económicos (OCDE) y en la Organización Mundial del Comercio (OMC).

3 "Qué hacemos en la Cofece. Línea del tiempo". Disponible en https://www.cofece.mx/.

tribunales colegiados de circuito y juzgados de distrito especializados en materia de competencia económica, radiodifusión y telecomunicaciones.

En acatamiento a este último punto, el 9 de agosto de 2013 se publicó el Acuerdo General 22/2013, del Pleno del CJF, relativo a la transformación de los juzgados de distrito y los tribunales colegiados de circuito del Centro Auxiliar de la Primera Región en los correlativos órganos en materia administrativa especializados en competencia económica, radiodifusión y telecomunicaciones, con residencia en el Distrito Federal, hoy Ciudad de México, y jurisdicción territorial en toda la República. Estos órganos entraron en funciones el 10 de agosto de 2013.[4]

En observancia a la mencionada reforma, el 23 de mayo de 2014 se publicó en el *DOF* la nueva Ley Federal de Competencia Económica. A partir de estas modificaciones al marco normativo podemos afirmar que la competencia económica adquirió mayor relevancia en el orden jurídico nacional.

---

[4] Véase "Acuerdo general 22/2013 del Pleno del Consejo de la Judicatura Federal, relativo a la conclusión de funciones de los juzgados cuarto y quinto de distrito del Centro Auxiliar de la Primera Región y su transformación como juzgados primero y segundo de distrito en materia administrativa especializados en competencia económica, radiodifusión y telecomunicaciones, con residencia en el Distrito Federal y jurisdicción territorial en toda la República. A la conclusión de funciones de los tribunales colegiados segundo y tercero de circuito del Centro Auxiliar de la Primera Región y su transformación como primer y segundo tribunales colegiados de circuito en materia administrativa especializados en competencia económica, radiodifusión y telecomunicaciones, con residencia en el Distrito Federal y jurisdicción territorial en toda la República. Así como su domicilio, fecha de inicio de funcionamiento y a las reglas de turno, sistema de recepción y distribución de asuntos entre los órganos jurisdiccionales indicados. Y al cambio de denominación de la oficina de correspondencia común del Centro Auxiliar de la Primera Región". Disponible en https://dof.gob.mx/.

La reforma constitucional de 2013 estableció, en el artículo 28, fracción VII, que las normas generales, actos u omisiones de la COFECE y del IFT podrán ser impugnados únicamente mediante el juicio de amparo indirecto y no serían objeto de suspensión. De igual forma se precisó que solamente en los casos en que la COFECE impusiera multas o la desincorporación de activos, derechos, partes sociales o acciones, éstas se ejecutarían hasta que se resuelva el juicio de amparo que en su caso se promueva.[5]

Esta prohibición constitucional ha sido ampliamente cuestionada debido a la imposibilidad de establecer medidas cautelares contra los actos de la COFECE y del IFT, lo que en muchos casos impide que pueda asegurarse la eficacia de las sentencias de amparo. De la exposición de motivos que dio origen a esta reforma se puede advertir que hubo opiniones encontradas a este respecto, precisamente porque algunos legisladores señalaron que eso vulneraba el derecho de acceso a la justicia.[6]

De la lectura del dictamen de las comisiones unidas se desprende que esa proscripción atendió a la protección del interés social.[7] Para ello se citó el *"Estudio sobre políticas y regulación de telecomunicaciones en México"* publicado por la Organización para la Cooperación y el Desarrollo Económicos (OCDE) en 2012;

---

5 En ese precepto también se estableció, por lo que se refiere a la procedencia del juicio de amparo indirecto, que cuando se trate de resoluciones emanadas de un procedimiento seguido en forma de juicio, sólo podrá impugnarse la que ponga fin al mismo por violaciones cometidas en la resolución o durante el procedimiento, y las normas generales aplicadas durante éste sólo podrán reclamarse en el amparo promovido contra la resolución referida y en ningún caso se admitirán recursos ordinarios o constitucionales contra actos intraprocesales.

6 "Proceso legislativo. Exposición de motivos". Disponible en https://www.diputados.gob.mx/LeyesBiblio/index.htm.

7 Comisiones Unidas de Puntos Constitucionales; de Comunicaciones y Transportes; de Radio, Televisión y Cinematografía y de Estudios Legislativos.

documento en el que señaló que la suspensión había sido utilizada por los agentes económicos "para retrasar, evitar o menoscabar las decisiones de regulación" y había generado graves daños financieros. Adicionalmente, el dictamen citó diversos criterios de la SCJN en los que se reconocía la afectación que se generaría al interés social con el otorgamiento de la suspensión en materia de competencia económica y telecomunicaciones, ya que las disposiciones constitucionales y legales en la materia son de interés público y buscan proteger el interés social frente a prácticas monopólicas.[8]

A pesar de las razones expuestas por el órgano reformador de la Constitución, la prohibición de la suspensión en el juicio de amparo representa un obstáculo porque las medidas cautelares forman parte del derecho a la jurisdicción y a la tutela judicial efectiva -reconocidos en los artículos 17 de la CPEUM y 25 de la CADH-, ya que frente a la probable inconstitucionalidad de un acto y los posibles efectos adversos que éste pudiera producir en la esfera jurídica de los particulares se impide establecer medidas para proteger provisionalmente un derecho.

A pesar de las razones que dieron origen a esta prohibición constitucional, basadas principalmente en el interés social, estimo que pudo analizarse la posibilidad de que fueran los tribunales los que analizarán, caso por caso, los supuestos en los que podía producirse esa afectación, en lugar de fijar una prohibición absoluta, sobre todo a partir del establecimiento de una jurisdicción especializada.

Además de la proscripción constitucional de la medida cautelar antes mencionada se estableció una adicional en el artículo 27 de la Ley de los Órganos Reguladores Coordinados en Materia Energética, en el que se dispuso que las normas generales, actos u omisiones de los órganos reguladores coordinados

---

8 "Proceso legislativo. Dictamen de las comisiones unidas". Disponible en https://www.diputados.gob.mx/LeyesBiblio/index.htm.

en materia energética podrían ser impugnados únicamente mediante el juicio de amparo indirecto y no serían objeto de suspensión.

Sin embargo, el artículo 107 constitucional dispone, en su fracción X, que los actos reclamados a través del juicio de amparo pueden ser objeto de suspensión en los casos y mediante las condiciones que determine la ley reglamentaria, esto es, la Ley de Amparo; de ahí que el artículo 27 es inconstitucional, ya que establece un caso de excepción en materia de suspensión del acto reclamado y pretende regular un componente esencial del juicio de amparo.

Aunque no ha sido posible realizar una declaratoria general de invalidez respecto de ese artículo, en ejercicio del control de constitucionalidad *ex officio*, los tribunales hemos inaplicado la norma en cuestión. Así también lo ha reconocido la Segunda Sala de la SCJN. Así lo estableció en la tesis 2ª. CLIX/2017, de rubro: "*SUSPENSIÓN EN EL JUICIO DE AMPARO. EL ARTÍCULO 27 DE LA LEY DE LOS ÓRGANOS REGULADORES COORDINADOS EN MATERIA ENERGÉTICA, ES INCONSTITUCIONAL POR NO RESPETAR EL PRINCIPIO DE RESERVA DE LEY REGLAMENTARIA.*"[9]

Es importante señalar que la prohibición constitucional para otorgar la suspensión se estableció únicamente para los actos que emite la COFECE y el IFT, lo cual ha permitido decretar medidas cautelares tratándose de otras autoridades (administrativas y legislativas) que emiten actos que pueden tener un impacto en los temas de competencia económica.

En los juzgados especializados se han resuelto cuestiones relevantes sobre la suspensión en esta materia. En esta ocasión me referiré a las medidas cautelares otorgadas respecto de las reformas a la Ley de la Industria Eléctrica.

El 10 de marzo de 2021 algunos participantes del mercado eléctrico mayorista promovieron juicio de amparo en contra del

---

[9] Registro digital: 2015393.

Decreto por el que se reforman y adicionan diversas disposiciones de la Ley de la Industria Eléctrica, publicado en el *DOF* el 9 de marzo de 2021.

Las primeras demandas en contra de ese decreto se radicaron en el Juzgado Segundo de Distrito en Materia Administrativa Especializado en Competencia Económica, Radiodifusión y Telecomunicaciones, con residencia en la Ciudad de México y jurisdicción territorial en toda la República.[10] En estos asuntos se solicitó la suspensión provisional y definitiva en contra del decreto impugnado. Por tratarse de un acto proveniente de una autoridad legislativa no existía prohibición constitucional para pronunciarse sobre la medida cautelar.

Al realizar el análisis preliminar que corresponde en esta etapa procesal advertí que las normas cuestionadas modificaban la manera en que operaba el sector eléctrico, dando prioridad a un agente económico estatal sobre los demás competidores, por lo que sus efectos eran susceptibles de suspenderse material y jurídicamente.

Luego, consideré que las quejosas acreditaron su interés suspensional al demostrar que realizaban diversas actividades reguladas en el sector eléctrico, por lo que se encontraban entre los sujetos que se podrían ver afectados por las disposiciones normativas contenidas en el decreto reclamado, con lo cual quedaba satisfecho el requisito previsto en la fracción I del artículo 128 de la Ley de Amparo.

Por otra parte, estimé que con el otorgamiento de la medida cautelar no se infringían disposiciones de orden público ni se vulneraba el interés social, como lo establece el artículo 128, fracción II, de la Ley de Amparo, ya que su otorgamiento tendría como consecuencia que se siguiera aplicando la legislación anterior a su reforma, con la que se buscó garantizar la libre competencia y concurrencia en el sector eléctrico.

---

10 Juicio de amparo 118/2021 y su acumulado 120/2021.

Lo anterior, aunado a que la colectividad estaba interesada en que se cumplieran los objetivos del marco constitucional y regulatorio previamente establecido, a través de la continuidad de políticas públicas que fueron aprobadas para que se generen nuevas fuentes de energía limpia y propiciar las condiciones necesarias para que se ofrezcan precios más bajos para los usuarios finales, además de que la nueva legislación no podía ser regresiva ni ir en contra de la norma fundamental que le dio origen.

Después de realizar un análisis sobre la apariencia del buen derecho, consideré que el Decreto cuestionado aparentemente era contrario a los artículos 25 y 28 constitucionales, lo que podría afectar los principios de competencia y libre concurrencia, no sólo en perjuicio de los agentes económicos, sino principalmente de los usuarios finales del suministro básico de energía eléctrica, por lo que concluí que se encontraban reunidos todos los requisitos para el otorgamiento de la suspensión.

El efecto de la medida cautelar fue para que se suspendieran todas las consecuencias derivadas del Decreto por el que se reforman y adicionan diversas disposiciones de la Ley de la Industria Eléctrica, publicado en el *DOF* el 9 de marzo de 2021. De igual forma, precisé que esa medida debía tener efectos generales, ya que, de otorgarla con efectos particulares, es decir, solamente para las quejosas, se les concedería una ventaja competitiva frente a los demás particulares que se encontraban en su misma posición, lo que produciría distorsiones en la industria eléctrica, afectando la competencia y el desarrollo de ese sector, principalmente en perjuicio de los usuarios finales, que es precisamente uno de los efectos adversos que se pretendían evitar, aspecto que analizamos previamente en el capítulo octavo.

La diferencia sustancial con los precedentes de la SCJN en los que hizo una modulación al principio de relatividad de las sentencias de amparo fue que, en este caso, el amparo que dio origen al establecimiento de la medida cautelar se presentó a partir de un interés jurídico; pero la medida cautelar incidía principalmente en la colectividad, en este caso, en los consumidores finales de la energía eléctrica.

Para no generar un vacío normativo durante la vigencia de la suspensión, precisé que las autoridades responsables y vinculadas a su cumplimiento debían aplicar las disposiciones que se encontraban vigentes previamente a la expedición del Decreto reclamado, sin que éste quedara insubsistente, sino que únicamente sus efectos se postergarían en el tiempo, con lo que se conservaría la materia del juicio de amparo. En congruencia con los efectos de la suspensión, ordené su publicación en el *DOF*, a efecto de difundir esa decisión por el mismo medio en que se dio a conocer el Decreto reclamado y fuera del conocimiento de todos sus destinatarios.

En los últimos años, derivado de las reformas en materia energética y de telecomunicaciones, el número de ingresos en los órganos especializados se incrementó de manera notable.[11] En consecuencia, el CJF estimó necesaria la creación del Juzgado Tercero de Distrito en Materia Administrativa Especializado en Competencia Económica, Radiodifusión y Telecomunicaciones, con residencia en la Ciudad de México y jurisdicción en toda la República mexicana, órgano que entró en funciones el 1° de noviembre de 2021.[12]

---

11 En el Juzgado Segundo de Distrito Especializado en Competencia Económica, Radiodifusión y Telecomunicaciones se recibieron en 2021 casi 9,000 demandas de amparo en las que se impugnaron los decretos por los que se reformaron la Ley de la Industria Eléctrica, la Ley Federal de Telecomunicaciones y Radiodifusión y la Ley de Hidrocarburos, entre otras demandas propias de la competencia material del órgano.

12 Véase "Acuerdo general 15/2021, del Pleno del Consejo de la Judicatura Federal, relativo a la creación, denominación e inicio de funciones del juzgado tercero de distrito en materia administrativa especializado en competencia económica, radiodifusión y telecomunicaciones, con residencia en la Ciudad de México y jurisdicción en toda la República Mexicana, así como su competencia, jurisdicción territorial, domicilio,

Lo anterior evidencia la relevancia de esta materia en la actualidad. Los problemas en materia de competencia y libre concurrencia tienen un interés directo sobre la sociedad, ya que al margen de que los agentes económicos están legitimados para defender esos principios reconocidos en el texto constitucional, en realidad son los consumidores quienes resienten los desequilibrios y la falta de competencia en los mercados. De ahí la importancia de considerar y analizar a profundidad estos temas, pues de ello depende la tutela efectiva de dichos principios.

---

reglas de turno, sistema de recepción y distribución de asuntos entre los juzgados de distrito en la residencia indicada; y que reforma el similar 3/2013, relativo a la determinación del número y límites territoriales de los circuitos judiciales en que se divide la república mexicana; y al número, a la jurisdicción territorial y especialización por materia de los tribunales de circuito y de los juzgados de distrito". Disponible en https://dof.gob.mx/.

XIII. La suspensión en materia ambiental

El derecho al medio ambiente se elevó a rango constitucional el 28 de junio de 1999. Se adicionó al artículo 4°, un párrafo, el cual estableció que "toda persona tiene derecho a un medio ambiente adecuado para su desarrollo y bienestar".[1] Poco más de una década después, el 8 de febrero de 2012, el texto se modificó para quedar de la siguiente manera: "Toda persona tiene derecho a un medio ambiente sano para su desarrollo y bienestar".[2]

Esta última reforma entró en sintonía con la Convención Americana de Derechos Humanos, ya que se sustituyó el concepto *adecuado* por *sano*. El órgano reformador de la Constitución consideró que el primer término tenía un carácter eminentemente subjetivo, lo que impedía establecer parámetros concretos para determinar cuáles eran las condiciones "adecuadas" para el desarrollo y el bienestar. En cambio, estimó que "sano" es un concepto de reconocida validez jurídica, conforme a los criterios de la Organización Mundial de la Salud.[3]

En el ámbito internacional, la Corte Interamericana de Derechos Humanos emitió la Opinión Consultiva 23/2017, de 15 de noviembre de 2017, en la que estableció que los Estados tienen la obligación de prevenir daños ambientales significativos, dentro o fuera de su territorio.[4]

Por su parte, el Consejo de Derechos Humanos de la Organización de las Naciones Unidas (ONU), en la resolución 48, de

---

1 Disponible en https://www.diputados.gob.mx.

2 *Idem.*

3 Exposición de motivos. Disponible en https://www.diputados.gob.mx.

4 seriea_23_esp.pdf (corteidh.or.cr)

5 de octubre de 2021, declaró que un medio ambiente limpio, saludable y sostenible es un derecho humano importante para el disfrute de los derechos humanos y exhortó a todos los Estados a trabajar juntos, en conjunto con otros actores, para implementarlo.[5]

Finalmente, la Asamblea General de la ONU, en la resolución 76, de 26 de julio de 2022, reconoció el acceso a un medio ambiente limpio, sano y sostenible como un derecho humano universal; observó que este derecho está relacionado con otros derechos y el derecho internacional vigente; afirmó que su protección requiere la plena aplicación de los acuerdos multilaterales relativos al medio ambiente con arreglo a los principios del derecho ambiental internacional y exhortó a los Estados, las organizaciones internacionales, las empresas y otros interesados pertinentes a que adopten políticas, aumenten la cooperación internacional, refuercen la creación de capacidad y sigan compartiendo buenas prácticas con el fin de intensificar los esfuerzos para garantizar un medio ambiente limpio, saludable y sostenible para todos.[6]

Lo expuesto previamente revela que el derecho a un medio ambiente sano es de reciente creación, no sólo en México, sino en el mundo; por lo tanto, de escaso desarrollo. Esto se acentúa en el terreno del juicio de amparo y, concretamente, en la suspensión.

La Suprema Corte de Justicia de la Nación ha sentado las bases de este derecho humano a través de sus sentencias y sus criterios. Uno de los primeros asuntos en los que se examinó el derecho a un medio ambiente sano fue la controversia constitucional 95/2004.[7] El Pleno determinó que este derecho: *"se*

---

5 A/HRC/48/L.23/Rev.1 (un.org)

6 A_76_L.75-ES.pdf

7 Se reclamó la invasión de la Federación en el ámbito competencial del Estado de México, en virtud del decreto que fijó la zona federal, en la que se ubica la cuarta etapa del relleno sanitario Bordo Poniente,

desarrolla con un poder de exigencia y un deber de respeto de todos los ciudadanos de preservar la sustentabilidad del entorno ambiental, que implica la no afectación ni lesión a éste y con la obligación correlativa de las autoridades de vigilancia, conservación y garantía de que sean atendidas las regulaciones pertinentes."[8]

El precedente más significativo en materia ambiental es el amparo en revisión 307/2016.[9] En este asunto, la Primera Sala de la Suprema Corte de Justicia de la Nación reconoció que el derecho a un medio ambiente sano posee una doble dimensión: individual y colectiva. Determinó que la primera se circunscribe a las afectaciones directas e indirectas sobre las personas en conexidad con otros derechos; mientras que la segunda se refiere al interés universal que se debe tanto a las generaciones presentes como futuras. De este asunto derivó la tesis 1a. CCXCII/2018 (10a.), de rubro: *"DERECHO HUMANO A UN MEDIO AMBIENTE SANO. SU DIMENSIÓN COLECTIVA Y TUTELA EFECTIVA."*[10]

En esta misma sentencia se establecieron otras cuestiones importantes, que revisaremos con mayor detalle: *i)* los principios en los que se fundamenta este derecho humano; *ii)* el interés legítimo que debe acreditar el quejoso; y, *iii)* los efectos de las sentencias en materia ambiental.

---

provocando daños ecológicos y molestias a los habitantes de la zona. Resuelta el 16 de octubre de 2007.

8 Controversia constitucional 95/2004.

9 Entre otros, se señaló como acto reclamado la ilegal orden para la planeación y la elaboración del proyecto denominado "Construcción del Parque Temático Ecológico Laguna del Carpintero", también llamado "Parque Ecológico Centenario" en Tamaulipas, el cual dañaba el medio ambiente de una forma directa. Resuelto el 14 de noviembre de 2018.

10 Registro digital: 2018635.

PRINCIPIOS

El derecho a un medio ambiente sano se fundamenta en diversos principios, los cuales resultan indispensables para guiar la actividad jurisdiccional. La mencionada resolución contiene un amplio listado, entre los que destacan los principios de sostenibilidad, buena vecindad y cooperación internacional, prevención, precaución, internalización de costos, responsabilidad ambiental, gobernanza ambiental, interdependencia, incorporación de los valores ambientales, iniciativa pública, participación ciudadana, exigencia de la mejor tecnología disponible, primacía de la persuasión sobre la coerción, no regresión, entre otros.[11] Estos principios son de fuente convencional. Varios de ellos ya se han desarrollado de manera más amplia en la jurisprudencia nacional.

INTERÉS LEGÍTIMO

La Primera Sala estimó que el interés legítimo para promover un juicio de amparo en materia ambiental depende de la especial situación que guarda la persona o la comunidad con el ecosistema que se estima vulnerado, particularmente con sus servicios ambientales. Y señaló que uno de los criterios para identificar esa relación entre la persona y los servicios ambientales es el concepto de "*entorno adyacente*", conforme al cual son beneficiarios ambientales aquellos que habitan o utilizan tal entorno o las áreas de influencia de un determinado ecosistema.

Lo anterior fue retomado con posterioridad en la jurisprudencia 1a./J. 8/2022 (11a.), de rubro: *"JUICIO DE AMPARO EN MATERIA AMBIENTAL. USO DEL 'ENTORNO ADYACENTE' COMO*

---

11 Amparo en revisión 307/2016 del índice de la Primera Sala de la Suprema Corte de Justicia de la Nación.

CRITERIO DE IDENTIFICACIÓN DEL INTERÉS LEGÍTIMO PARA PROMOVERLO POR PERSONAS FÍSICAS."[12]

Asimismo, la Primera Sala resolvió el amparo en revisión 543/2022,[13] en el que los quejosos eran tanto personas físicas como morales. En este asunto reiteró que el interés legítimo se acredita con la sola existencia de un vínculo entre quien alega ser titular del derecho y los servicios ambientales que presta el ecosistema vulnerado, vínculo que surge cuando la parte quejosa demuestra habitar o utilizar su "entorno adyacente", sin que sea necesario demostrar que el daño al medio ambiente existe efectivamente. Esto porque, de acuerdo con el principio de precaución, esa circunstancia debe constituir la materia de fondo del juicio. Y concluyó que el derecho a un medio ambiente sano se fundamenta en una idea de solidaridad que entraña un análisis de interés legítimo y no de derechos subjetivos y de libertades.

Estos razonamientos quedaron contenidos en la jurisprudencia 1a./J. 79/2023 (11a.), de rubro: *"INTERÉS LEGÍTIMO PARA PROMOVER EL JUICIO DE AMPARO INDIRECTO EN MATERIA AMBIENTAL. LO TIENEN LAS PERSONAS BENEFICIARIAS DE LOS SERVICIOS AMBIENTALES QUE PRESTA EL ECOSISTEMA AFECTADO."*[14]

De manera reciente, la Primera Sala, determinó que el juzgador, al resolver sobre el interés legítimo suspensional, debe tener en cuenta que el parámetro de constitucionalidad se integra también con el derecho convencional; de manera especial con el Convenio de Escazú, que contiene los siguientes principios: i) la legitimación activa debe ser amplia; y, ii) las

12 Registro digital: 2024385.

13 Diversas personas físicas y morales promovieron juicio de amparo en contra de la omisión de las autoridades de adoptar medidas para preservar los recursos hídricos del Acuífero Principal de la Región Lagunera en Coahuila. Resuelto el 1º de marzo de 2023.

14 Registro digital: 2026571.

medidas cautelares deben servir para prevenir, hacer cesar, mitigar o recomponer el derecho ambiental.

Así lo estableció en la jurisprudencia 1ª./J 193/2023 (11ª.), de rubro: *"SUSPENSIÓN EN EL JUICIO DE AMPARO EN MATERIA AMBIENTAL. EL PARÁMETRO DE CONTROL CONSTITUCIONAL SE INTEGRA CON EL TEXTO CONSTITUCIONAL, LA LEY DE AMPARO, EL ACUERDO REGIONAL SOBRE EL ACCESO A LA INFORMACIÓN, LA PARTICIPACIÓN PÚBLICA Y EL ACCESO A LA JUSTICIA EN ASUNTOS AMBIENTALES EN AMÉRICA LATINA Y EL CARIBE (CONVENIO DE ESCAZÚ) Y LAS NORMAS CONVENCIONALES APLICABLES EN MATERIA MEDIOAMBIENTAL."*[15]

La propia Sala estableció que quienes promueven en defensa del medio ambiente deben probar: i) un agravio diferenciado que se relacióna con la situación que guarda la persona con el ecosistema que estima vulnerado; ii) que son beneficiarias de un servicio ambiental, que no puede ser entendido como una vecindad inmediata, sino con la zona de impacto; y, iii) no es necesario demostrar el daño ambiental, pues ello podría ser materia de fondo.

Este criterio quedó contenido en la jurisprudencia 1a./J. 192/2023 (11a.), de rubro: *"SUSPENSIÓN DEL ACTO RECLAMADO EN MATERIA MEDIOAMBIENTAL. EL ARTÍCULO 131 DE LA LEY DE AMPARO, QUE ESTABLECE UN REQUISITO MÁS AGRAVADO PARA EL OTORGAMIENTO DE LA SUSPENSIÓN CUANDO LA PARTE QUEJOSA ADUZCA INTERÉS LEGÍTIMO, DEBE INTERPRETARSE A LA LUZ DEL CONVENIO DE ESCAZÚ Y DE LOS PRINCIPIOS IN DUBIO PRO NATURA, DE PREVENCIÓN Y PRECAUTORIO."*[16]

---

[15] Registro digital: 2027846.

[16] Registro digital: 2027842.

Finalmente, la misma Sala estableció que al resolver sobre la suspensión, el juzgador de amparo debe: i) estudiar los requisitos para su concesión, aplicando los principios *pro natura* y acceso a la justicia ambiental; ii) valorar las pruebas, entendiendo que la demostración del daño no es necesariamente fehaciente; iii) privilegiar la toma oportuna de decisiones, aún ante la incertidumbre científica; y, iv) resolver atendiendo a la función ecológica de la propiedad. De este criterio derivó la jurisprudencia 1a./J. 191/2023 (11a.), de rubro: *"SUSPENSIÓN DEL ACTO RECLAMADO EN MATERIA AMBIENTAL. DEBERES DE LAS PERSONAS JUZGADORAS AL RESOLVER SOBRE SU CONCESIÓN."*[17]

Por su parte, la Segunda Sala de la Suprema Corte de Justicia de la Nación, al resolver el amparo en revisión 839/2019, en sesión de 6 de mayo de 2020, sostuvo que para acreditar el interés legítimo en materia ambiental de una asociación civil o de una organización no gubernamental defensora de los derechos humanos, es suficiente con acreditar que tiene un objeto social de protección al medio ambiente o a los derechos humanos en términos genéricos y que aporte al juicio los elementos necesarios que evidencien que cuenta con una especial posición de protección al medio ambiente, sin que sea necesario demostrar también que ha actuado con anterioridad en la defensa de aquel derecho, pues ello implicaría una regresión en los criterios sobre el interés legítimo que ha seguido la propia Sala.[18]

EFECTOS

A partir de la reforma constitucional del 10 de junio de 2011, la Suprema Corte de Justicia de la Nación ha sostenido que se amplió el espectro de protección del juicio de amparo para tutelar de mejor forma los derechos fundamentales que tengan

---

17 Registro digital: 2027841.

18 2_262956_5245.docx (live.com)

una dimensión colectiva y/o difusa. Tratándose de la materia ambiental, la Primera Sala determinó que era necesario reinterpretar el principio de relatividad con el objetivo de dotarlo de un contenido que permitiera la tutela efectiva del derecho a un medio ambiente sano, como analizamos previamente en el capítulo octavo.

Así, consideró que si este derecho y el principio de relatividad de las sentencias están expresamente reconocidos en la Constitución Política de los Estados Unidos Mexicanos, su interacción debe ser armónica y, por ello, la relatividad de las sentencias no puede constituir un obstáculo para la salvaguarda efectiva de aquel derecho. La Segunda Sala sostuvo un criterio similar que admitía la modulación del principio de relatividad de las sentencias de amparo.

En relación con la suspensión en el juicio de amparo, la Segunda Sala, al resolver la contradicción de tesis 270/2016, estableció que la paralización de los actos que lesionen el derecho a un medio ambiente sano no debe encontrarse a expensas de la exhibición de una garantía, ya que ésta no sólo podría resultar gravosa para el particular -constituyéndose en un obstáculo financiero para su justiciabilidad-, sino que, de no otorgarse, permitiría la ejecución de actos susceptibles de acarrear un daño irreversible o indebido a la biodiversidad, afectando con ello a la colectividad.

En esta ejecutoria estableció que para eximir al quejoso de otorgar la garantía los juzgadores de amparo deben observar lo siguiente: *i)* la violación al derecho a un medio ambiente sano debe constituir un aspecto medular del juicio de amparo; *ii)* el planteamiento deberá encontrarse dirigido a combatir una verdadera afectación al medio ambiente; *iii)* la afectación aducida deberá ser actual o inminente, y no meramente hipotética o posible; *iv)* la vulneración al medio ambiente debe ser una consecuencia directa e inmediata del acto reclamado; y, *v)* no deberá eximirse del otorgamiento de la garantía cuando el acto genere un beneficio de carácter social, como en el caso de obra de infraestructura pública, o cuando responda a un esquema de aprovechamiento sustentable, cuestión que corresponderá acreditar a la autoridad responsable al rendir el informe previo.

Dichas consideraciones quedaron reflejadas en la jurisprudencia 2a./J. 19/2017 (10a.), de rubro: *"MEDIO AMBIENTE SANO. PARÁMETRO QUE DEBERÁN ATENDER LOS JUZGADORES DE AMPARO, PARA DETERMINAR SI ES DABLE EXIMIR AL QUEJOSO DE OTORGAR GARANTÍA PARA CONCEDER LA SUSPENSIÓN DE ACTOS QUE INVOLUCREN VIOLACIÓN A AQUEL DERECHO HUMANO."*[19]

Los juzgados de Distrito en materia administrativa especializados en competencia económica, radiodifusión y telecomunicaciones también han analizado en distintos asuntos el derecho a un medio ambiente sano, en los que se han generado criterios importantes en lo que se refiere a la suspensión en el juicio de amparo. La primera interrogante que surgió fue por qué estos órganos jurisdiccionales conocían de aspectos relacionados con el medio ambiente. La respuesta es que cuando conocimos de los asuntos vinculados con el sector eléctrico,[20] si bien los aspectos medulares se relacionaban con los principios de competencia y libre concurrencia, éstos tenían una estrecha vinculación con el derecho a un medio ambiente sano.

Las normas generales analizadas en esos asuntos modificaban la manera en que operaba el sector eléctrico, al fomentar

---

19 Registro digital: 2013959.

20 *i)* Acuerdo para garantizar la eficiencia, calidad, confiabilidad, continuidad y seguridad del sistema eléctrico nacional, con motivo del reconocimiento de la epidemia de enfermedad por el virus SARS-CoV2 (Covid-19), de 29 de abril de 2020; *ii)* el Acuerdo por el que se emite la política de confiabilidad, seguridad, continuidad y calidad en el sistema eléctrico nacional, publicado en el *Diario Oficial de la Federación* el 15 de mayo de 2020, y *iii)* Decreto por el que se reforman y adicionan diversas disposiciones de la Ley de la Industria Eléctrica, publicado en el *Diario Oficial de la Federación* el 9 de marzo de 2021.

el uso de energías convencionales, consideradas más contaminantes debido al uso de combustibles fósiles como el carbón y el combustóleo, y desincentivando la producción y el uso de energías limpias, particularmente renovables. De ahí que, por la estrecha relación de los temas, fueran estos tribunales quienes, atendiendo a la continencia de la causa,[21] realizaran los estudios respectivos acerca de la materia medioambiental sobre la suspensión de los actos reclamados y, posteriormente, sobre su constitucionalidad.[22]

En estos asuntos comparecieron algunas asociaciones civiles cuyo objeto social estaba vinculado a la defensa del derecho a un medio ambiente sano. Con base en los criterios que sustentó la Suprema Corte de Justicia de la Nación sobre interés legítimo en materia ambiental, en los asuntos que fueron sometidos a mi conocimiento como juez de Distrito consideré que esas asociaciones tenían interés suspensional para solicitar la paralización de los ordenamientos reclamados, con lo que quedaba satisfecho el requisito previsto en la fracción I del artículo 128 de la Ley de Amparo.

Por otra parte, estimé que con el otorgamiento de la medida cautelar no se infringían disposiciones de orden público ni se vulneraba el interés social, como lo establece el artículo 128, fracción II, de la Ley de Amparo, ya que si bien los ordenamientos

---

21 De acuerdo con la Primera Sala, "en el juicio de amparo opera el principio de no división de continencia de la causa, consistente en resolver, de forma concentrada, las pretensiones vinculadas por la misma causa o que tengan el mismo origen, con el fin de no fragmentar el litigio, ni pronunciar resoluciones contradictorias, con el consecuente perjuicio para la pronta y expedita administración de justicia". Véase tesis 1a. CXCVIII/2017 (10a.). Registro digital: 2015711.

22 Estas consideraciones pertenecen únicamente a los asuntos resueltos por el Juzgado Segundo de Distrito en Materia Administrativa Especializado en Competencia Económica, Radiodifusión y Telecomunicaciones, con residencia en la Ciudad de México y jurisdicción en toda la República.

controvertidos aparentemente buscan beneficiar a la colectividad, a partir del establecimiento de medidas para garantizar la eficiencia, la calidad, la confiabilidad, la continuidad y la seguridad del sistema eléctrico, en realidad esos parámetros no eran los más benéficos para garantizar el derecho que tiene la sociedad a un medio ambiente sano.

Por el contrario, ésta se vería beneficiada con la posibilidad de que se paralizara la ejecución de las regulaciones que, en apariencia, priorizaban la utilización de energías convencionales en detrimento de las energías renovables. Esto aunado a que en ese momento no existía evidencia de que la paralización de los ordenamientos reclamados pudiera afectar la seguridad energética del país, en contraposición con los daños irreversibles que se podrían causar al medio ambiente.

Luego analicé los requisitos exigidos por el artículo 131 de la Ley de Amparo, cuando quien solicita la suspensión aduce un interés legítimo: *i)* que la parte quejosa acredite el daño inminente e irreparable a su pretensión en caso de que se niegue la medida cautelar; y, *ii)* que se acredite el interés social que justifique su concesión.

Al respecto consideré que las asociaciones civiles realizaron diversos argumentos tendientes a evidenciar que las normas reclamadas ponían en riesgo los derechos de las personas a un ambiente sano, los cuales se encontraban obligadas a proteger de acuerdo con el objeto social que habían ejercido de manera activa. Particularmente, el desplazamiento de la utilización de fuentes de energía renovable por otras más contaminantes, apartándose del principio de sustentabilidad incorporado a través de la reforma energética de 2013, cuyo objeto fue guiar una estrategia de transición hacia el uso de energías limpias, permitiendo que el Estado mexicano cumpliera con los compromisos internacionales sobre cambio climático que había adquirido.

Así, concluí que se encontraba acreditado el daño inminente e irreparable en caso de que se negara la medida cautelar, puesto que las normas reclamadas establecían medidas que se constituían como obstáculos para la operación y la utilización de fuentes renovables de energía eléctrica y que fomentaban el uso de energías más contaminantes. Debo destacar que la inminencia y la irreparabilidad del daño no requería un elemento de prueba específico, ya que su demostración se daba con razonamientos lógicos, como lo sostuvo la Segunda Sala en la jurisprudencia 2a./J. 61/2016 (10a.).[23]

Por otra parte, precisé que el interés social que justificaba la concesión de la medida cautelar debía estimarse satisfecho, porque la sociedad estaba interesada en que se limitara la generación y la utilización de energías contaminantes y se lograra el desarrollo sustentable del sector eléctrico, permitiendo así que el Estado mexicano cumpliera los compromisos internacionales que había asumido en materia de cambio climático y de fomento a las energías renovables.[24]

De igual manera, sostuve que, conforme al artículo 15 de la Convención de Río sobre el Medio Ambiente y el Desarrollo, debía atenderse al principio de precaución en materia ambiental, según el cual la falta de certeza científica absoluta no podía utilizarse como razón para postergar la adopción de medidas eficaces (de acción o abstención) para impedir la degradación del medio ambiente, por lo que debía asegurarse su efectiva reparación, lo cual no se lograría si se negaba la suspensión

---

[23] De rubro: "INTERÉS LEGÍTIMO. PARA EL OTORGAMIENTO DE LA SUSPENSIÓN PROVISIONAL EN TÉRMINOS DEL ARTÍCULO 131 DE LA LEY DE AMPARO, BASTA QUE EL QUEJOSO LO DEMUESTRE DE MANERA INDICIARIA." Registro digital: 2011840.

[24] La Convención Marco de las Naciones Unidas sobre Cambio Climático, el Protocolo de Kyoto, el Acuerdo de París, la Agenda 2030 para el Desarrollo Sostenible, la Declaración de Río sobre el Medio Ambiente y el Desarrollo, así como el Acuerdo Regional sobre el Acceso a la Información, la Participación Pública y el Acceso a la Justicia en Asuntos Ambientales en América Latina y el Caribe.

solicitada; principio que fue retomado por la Primera Sala, en la tesis 1a. CCXCIII/2018 (10a.).[25]

Este principio es especialmente relevante en casos que involucran el derecho a un medio ambiente sano y el solicitante aduce un interés legítimo, ya que, en estrecha vinculación con el concepto de apariencia del buen derecho, permite al juzgador adoptar todas las medidas necesarias, incluyendo las relativas a los efectos de la suspensión, para evitar o mitigar el daño ambiental. Esto es importante porque permite que actualmente el juicio de amparo y la suspensión sean el mecanismo de exigibilidad que mayor alcance protector puede dar a ese derecho, tanto en su vertiente individual, como colectiva.

Luego de realizar un análisis sobre la apariencia del buen derecho y de las eventuales inconstitucionalidades de cada uno de los ordenamientos reclamados previamente descritos, concluí que se encontraban reunidos todos los requisitos para el otorgamiento de la suspensión.

El efecto de la medida cautelar decretada en cada uno de esos asuntos fue para que se suspendieran todos los efectos y las consecuencias derivados de los ordenamientos impugnados; que los sujetos obligados por éstos se abstuvieran de cumplir con las obligaciones generales y particulares que les fueron impuestas, y que todas las autoridades, en el ámbito de sus competencias, cumplieran con la suspensión otorgada, aun en el supuesto de que no hubieren sido llamadas como autoridades responsables. Dadas las particularidades de los asuntos y conforme a la jurisprudencia 2a./J. 19/2017 de la Segunda Sala, no condicioné la eficacia de las medidas cautelares a la exhibición de una garantía.

---

25 De rubro: "PROYECTOS CON IMPACTO AMBIENTAL. LA FALTA DE EVALUACIÓN DE RIESGOS AMBIENTALES EN SU IMPLEMENTACIÓN, VULNERA EL PRINCIPIO DE PRECAUCIÓN." Registro digital: 2018769.

Para no generar un vacío normativo durante la vigencia de las medidas cautelares precisé que las autoridades responsables y vinculadas a su cumplimiento debían aplicar las disposiciones que se encontraban vigentes previamente a la expedición de los ordenamientos reclamados, sin que éstos quedaran insubsistentes, sino que únicamente sus efectos se postergarían en el tiempo, con lo que se conservaría la materia de los juicios de amparo.

Finalmente, conforme a los criterios de la Suprema Corte de Justicia de la Nación, en el sentido de que el principio de relatividad de las sentencias admite modulaciones cuando se acude al juicio de amparo con interés legítimo de naturaleza colectiva y que es perfectamente admisible que al proteger a la persona que ha solicitado el amparo de manera eventual y contingente se pueda llegar a beneficiar a terceros ajenos al juicio, precisé que los efectos de la suspensión debían adecuarse a los de una hipotética sentencia protectora, con la finalidad de garantizar su eficacia. Esto justificó que se paralizaran todos los efectos y las consecuencias de los ordenamientos reclamados, ya que de ejecutarse podían causar una afectación al medio ambiente que sería imposible reparar aun si se concediera el amparo. Esta decisión naturalmente produciría efectos generales sobre las medidas cautelares.

Con estos litigios se hizo evidente que la protección y la conservación al medio ambiente se ha convertido en un tema prioritario, dado que el Estado mexicano ha asumido numerosos compromisos en la materia y, en consecuencia, es deber de los operadores jurídicos atender con diligencia las problemáticas que representen un potencial detrimento a este derecho. Desde luego estos temas seguirán moldeándose en nuestros tribunales.

Como se advierte, la suspensión en materia medioambiental es un tema novedoso que exige que el juzgador de amparo analice la posibilidad de paralizar actos que pongan en riesgo el medio ambiente, con el fin de evitar daños irreparables. La adecuada valoración del juez permitirá un justo equilibrio entre los intereses en conflicto y la debida protección constitucional que requieren los derechos humanos.

XIV. La suspensión en materia penal

La instauración del llamado nuevo sistema de justicia penal generó importantes consecuencias en el amparo y, por ende, en la suspensión del acto reclamado en esa materia. En cuanto al proceso penal existen tres momentos fundamentales. En primer lugar, la reforma constitucional de 18 de junio de 2008, que estableció, a nivel nacional, el denominado proceso penal acusatorio.[1] En segundo lugar, la reforma constitucional de 8 de octubre de 2013, que dio facultades exclusivas al Congreso de la Unión para expedir la legislación procesal única.[2] En tercer lugar, la publicación, el 5 de marzo de 2014, del Código Nacional de Procedimientos Penales.

En este Código se diseñó una tramitación que sigue el modelo chileno,[3] que a su vez tiene una fuerte influencia del sistema norteamericano, con la intención de ser adaptado a las circunstancias del entorno latinoamericano. En el caso mexicano, el sistema quedó dividido, de manera fundamental, en tres partes: la investigación (que a su vez comprende una investigación inicial, una audiencia inicial y el cierre de la investigación complementaria); la etapa intermedia (que es de depuración procesal)[4]; y, finalmente el juicio oral (que muy pocas veces

---

1 Esta reforma permitía, en su artículo Segundo transitorio, que, en su ámbito de competencia, la Federación, los Estados y el entonces Distrito Federal, expidieran la legislación procesal secundaria.

2 La reforma eliminó la posibilidad de que cada entidad federativa tuviera su propia legislación procesal penal y le otorgó únicamente atribuciones a la Federación.

3 Véase el Código Procesal Penal de ese país, expedido el 11 de julio de 2002.

4 Que intenta ser una copia, muchas veces malograda, del Grand Jury norteamericano.

ocurre por la existencia de los MASC's [5] o por el dictado de un auto de sobreseimiento o de no vinculación).

De manera que la parte importante de la suspensión, en cuanto al procedimiento, está referida a los actos que se producen durante las dos primeras etapas. En estas condiciones, dada su amplitud, nos referiremos sólo a algunos aspectos de este sistema. Desde luego, sin dejar de considerar los actos respecto de los cuales se puede solicitar la suspensión también en el denominado sistema tradicional.[6] Existen muchos temas que deben ser analizados; sin embargo, para los efectos de esta obra nos ocuparemos sólo de cinco aspectos de la suspensión en amparo indirecto: a) Respecto de los actos graves en materia penal; b) La suspensión del procedimiento penal; c) Por lo que se refiere al auto de vinculación; d) El caso de la prisión preventiva oficiosa; y, por último, d) El tema de la apariencia del buen derecho.

---

5 Los MASC's o medios alternativos de solución a conflicto, son una copia, en algunos casos fallida, de los Alternative Dispute Resolutions o ADR´s del sistema norteamericano. Existe, al respecto, una amplia literatura, de entre ella podemos destacar: Fisher, George, Plea Barganining's Triumph. A History of Plea Bargaining in America, Stanford, California, Stanford University Press, 2003, pp. 397; también, Heumann, Milton, Plea Bargaining. The Experiences of Prosecutors, Judges, and Defense Attorneys, Chicago, The University of Chicago Press, 1998, pp. 220.

6 El cual sigue vigente en términos del artículo Cuarto transitorio de la reforma constitucional de 18 de junio de 2008.

LA SUSPENSIÓN EN AMPARO INDIRECTO

Actos prohibidos constitucionalmente en materia penal

Siguiendo el texto del artículo 15 de la Ley de Amparo -el cual, por su importancia, se repite e invoca en innumerables ocasiones en el texto de la propia Ley-[7] se trata de los actos que importe peligro de privación de la vida, ataques a la libertad fuera de procedimiento, incomunicación, deportación,[8] expulsión, proscripción[9] o destierro, extradición, la desaparición forzada de personas, algunos de los prohibidos por el artículo 22 de la CPEUM, así como la leva, que fue materia de numerosos amparos en el siglo XIX y principios del XX.[10]

Y respecto de ellos, es precisamente la Ley de Amparo, en su artículo 159, donde admite la denominada competencia auxiliar, a fin de que la demanda de amparo pueda ser presentada ante un juzgador de primera instancia y concedida la suspensión de plano y de oficio, en los lugares donde no resida juez Distrito. Entonces la competencia se surte en favor de los jueces del orden común, los que tienen facultades para recibir

---

7 Por ejemplo, el 17, IV; 20; 48; 61, XVIII, a); 124; 126, b); 159; 202; 239; 248; 261 y 265.

8 Aunque se encuentre en este catálogo, la deportación se rige por leyes administrativas. Véase al respecto la Ley de Migración.

9 Ejemplos de ello existen en la historia constitucional de nuestro país y la Ley de Amparo los conserva, pues son una gran tentación en manos autoritarias. Al respecto puede citarse el Decreto. Proscripción de D. Agustín de Iturbide, de 23 de abril de 1824.

10 Respecto de la leva como el "ingreso involuntario e inconstitucional, de una o muchas personas al servicio de las armas", puede verse la voz "Leva", en el Diccionario jurídico mexicano, vol. I-O, México, Ed. Porrúa-UNAM, 1999, pp. 1958-1960. Asimismo, como referencia histórica puede verse el artículo 790 de la legislación de la materia de 1908.
Este supuesto no puede ni debe descartarse ante la emergencia de Estados autoritarios a nivel mundial.

(no admitir la demanda, eso será competencia del juzgador federal), otorgar la suspensión y remitir el original de las actuaciones al juez de Distrito correspondiente.

Dada la relevancia del otorgamiento de la suspensión del acto reclamado respecto de estos actos, pues si bien el artículo 126 concede facultades a los jueces de primera instancia para resolver sobre la suspensión en cuanto a los actos graves enunciados en el artículo 15, la Primera Sala de la SCJN se ha pronunciado en el sentido de que, cuando el asunto se someta al conocimiento del juzgador federal, éste tiene como tarea prioritaria el otorgamiento de la medida cautelar, al determinar que aunque no admita la demanda y se prevenga al quejoso para que subsane alguna irregularidad, el órgano jurisdiccional debe otorgarla en el propio auto en el que formula ese requerimiento, ya que de lo contrario, se permitiría la posible ejecución de esos actos graves.

Así quedó establecido en la jurisprudencia 1a./J. 25/2018 (10a.), de rubro: "*SUSPENSIÓN DE OFICIO Y DE PLANO PREVISTA EN LOS PÁRRAFOS PRIMERO Y SEGUNDO DEL ARTÍCULO 126 DE LA LEY DE AMPARO. SI NO SE ADMITE LA DEMANDA Y SE PREVIENE AL QUEJOSO PARA QUE SUBSANE ALGUNA IRREGULARIDAD, EL ÓRGANO DE CONTROL CONSTITUCIONAL DEBE PROVEER SOBRE LA CITADA MEDIDA CAUTELAR EN EL PROPIO AUTO EN QUE FORMULA ESE REQUERIMIENTO.*"[11]

---

[11] Registro digital: 2017844. Esta tesis menciona expresamente los párrafos primero y segundo del artículo 126. El párrafo primero repite a la letra, en su texto, los actos contenidos en el artículo 15 de la Ley de Amparo, por lo que deben entenderse comprendidos todos esos actos y no sólo los del 22 constitucional.

Suspensión del procedimiento

La Ley de Amparo ha previsto que la suspensión no puede tener como efecto paralizar los procedimientos provenientes del acto reclamado. Esta regulación está contenida en el artículo 150 de la Ley de Amparo, el que resulta una copia literal del artículo 138 de la Ley de Amparo de 1936, que a su vez tiene sus orígenes en el texto del artículo 64 de la Ley de la materia de 1919 y éste en el artículo 722 de la legislación de 1908. Esto quiere decir que ha sido una constante en el juicio de amparo.

En este sentido, el artículo 150 de la Ley de Amparo es claro en establecer, en todos los casos, que de ser procedente la suspensión se concederá en forma tal que no impida la continuación del procedimiento en el asunto que haya motivado el acto reclamado hasta dictarse resolución firme en él. Con una importante excepción: a no ser que la continuación de dicho procedimiento deje irreparablemente consumado el daño o perjuicio que pueda ocasionarse al quejoso.

Por su parte, conforme al segundo párrafo del artículo 313 del Código Nacional de Procedimientos Penales, en la audiencia inicial el Ministerio Público deberá solicitar y motivar la vinculación del imputado a proceso, exponiendo en la misma audiencia los datos de prueba con los que considera que se establece un hecho que la ley señale como delito y la probabilidad de que el imputado lo cometió o participó en su comisión. Acto seguido, el Juez de Control dará intervención a las partes y resolverá la situación jurídica del imputado.

Sobre el particular, ha sido materia de controversia si es procedente paralizar la tramitación de la audiencia inicial para efectos de que el fiscal se abstenga de aportar los datos de prueba en la carpeta de investigación cuando se reclamen actos u omisiones de éste en la investigación inicial y, como consecuencia de ello, impedir que sea judicializada esta última.

Al respecto, la Primera Sala sostuvo que debe analizarse si el daño que pueda causar la violación al quejoso es irreparable. Y que cuando en el juicio de amparo se reclamen actos u omisiones del fiscal en la investigación inicial que atenten contra el derecho de defensa del investigado y éste solicite la suspensión provisional, no proceda conceder dicha medida cautelar, toda vez que su concesión obstaculizaría la continuación del proceso penal sin estar justificado el daño irreparable al quejoso, aunado a que no se ocasionaría un perjuicio irreparable a sus derechos, en virtud de que el Código Nacional de Procedimientos Penales en sus artículos 218 y 219 garantiza el derecho de defensa, pues permite que el investigado pueda imponerse de la carpeta de investigación en varios momentos, particularmente cuando, convocados a la audiencia inicial, el imputado y su defensor tienen derecho a consultar los registros de la investigación y obtener copia, con la debida oportunidad para preparar su defensa.

Máxime -agregó la Primera Sala- que en la etapa de investigación inicial del proceso penal, en la que se desarrollan tales actos, el derecho de defensa del indiciado está salvaguardado en la medida en que, con la judicialización de la carpeta, transitará a una etapa de investigación complementaria, a fin de que un juez sea quien tutele, entre otros, el referido derecho fundamental. Además, una eventual paralización del inicio del proceso penal puede incidir negativamente en el derecho de reparación de las víctimas de delito, debido a que esa medida evita que continúe el proceso y retarda la posibilidad de que les sea reparado el daño ocasionado y que conozcan la verdad de lo sucedido desde la perspectiva de una "reparación integral".

Este criterio quedó contenido en la jurisprudencia 1a./J. 84/2019 (10a.), de rubro: "*SUSPENSIÓN PROVISIONAL EN EL JUICIO DE AMPARO. NO PROCEDE CONCEDERLA PARA EL EFECTO DE QUE EL FISCAL SE ABSTENGA DE HACER DEL CONOCIMIENTO DEL JUEZ DE CONTROL QUE EXISTEN DATOS DE PRUEBA SUFICIENTES EN LA CARPETA DE INVESTIGACIÓN PARA QUE CELEBRE LA AUDIENCIA INICIAL.*"[12]

---

[12] Registro digital: 2021264.

SUSPENSIÓN DEL AUTO DE VINCULACIÓN A PROCESO

El artículo 67 del Código Nacional de Procedimientos Penales establece, en su fracción IV, que una de las resoluciones que puede dictar la autoridad judicial es el auto de vinculación a proceso. De manera correlativa, el artículo 307 del mismo ordenamiento establece, en lo fundamental, que en la audiencia inicial se informará de sus derechos al imputado, se realizará el control de legalidad de la detención, se dará oportunidad de declarar al imputado y se resolverá sobre las solicitudes de vinculación a proceso y medidas cautelares, de igual manera se definirá el plazo para el cierre de la investigación.

Una cuestión que ha sido materia de debate es si procede el amparo indirecto y, por tanto, la suspensión en contra del auto de vinculación a proceso. Al respecto debe considerarse, como presupuesto, que la Ley de Amparo exceptúa del principio de definitividad a los autos de vinculación a proceso, en su artículo 61, fracción XVIII, inciso d).[13] Con esto no cabe duda que resulta procedente el amparo en contra de este auto. Esta cuestión fue resuelta por la Primera Sala de la SCJN, en la jurisprudencia 1a./J. 101/2012 (10a.), de rubro: *"AUTO DE VINCULACIÓN A PROCESO. AL AFECTAR TEMPORALMENTE LA LIBERTAD DEL INCULPADO SE ACTUALIZA UNA EXCEPCIÓN AL PRINCIPIO DE DEFINITIVIDAD Y, POR TANTO, EN SU CONTRA PROCEDE EL JUICIO DE AMPARO INDIRECTO."*[14]

La Primera Sala también se ha pronunciado en el sentido de que por el hecho de que un acto en materia penal no se encuentre contemplado dentro de los supuestos de procedencia de la suspensión del acto reclamado que precisó el legislador

---

[13] En el ámbito ordinario, procede el recurso de apelación en contra del auto que resuelve la vinculación del imputado a proceso, al tenor de lo previsto por el artículo 467, fracción VII, del Código Nacional de Procedimientos Penales.

[14] Registro digital: 2002977.

en la parte especial de la Ley de Amparo, no es suficiente para determinar que la medida cautelar sea improcedente porque, en principio, todo acto reclamable es susceptible de ser suspendido, como consecuencia directa del derecho fundamental a la tutela jurisdiccional efectiva.

En ese orden de ideas -agregó la propia Sala-, tratándose de la suspensión del auto de vinculación a proceso, se debe atender a las reglas generales que regulan los tipos de suspensión de oficio y a petición de parte, aplicables a todas las materias previstas en la Ley de Amparo y, una vez constatado que se reúnen los requisitos establecidos en los artículos 128 y 138, procederá la medida cautelar, ya sea provisional y/o definitiva, en términos y para los efectos del segundo párrafo de la fracción XVII del artículo 61, es decir, para que la autoridad jurisdiccional de control suspenda el procedimiento en lo que corresponda al quejoso, una vez concluida la etapa intermedia y hasta que sea notificada de la resolución que recaiga en el juicio de amparo pendiente.

Este criterio quedó contenido en la jurisprudencia 1a./J. 25/2023 (11a.), de rubro: *"SUSPENSIÓN DEL AUTO DE VINCULACIÓN A PROCESO EN EL JUICIO DE AMPARO INDIRECTO. PROCEDE SU CONCESIÓN EN RESPETO AL DERECHO FUNDAMENTAL A UN RECURSO JUDICIAL EFECTIVO."*[15]

LA PRISIÓN PREVENTIVA OFICIOSA

El artículo 19 del Código Nacional de Procedimientos Penales determina que la autoridad judicial puede autorizar como medidas cautelares o como precautorias las establecidas en ese Código y en las leyes especiales. Enseguida agrega que la prisión preventiva será de carácter excepcional. De manera complementaria el artículo 167 del propio Código enuncia los casos en que

---

15 Registro digital: 2026437.

el Juez de Control, en su ámbito de competencia, ordenará la prisión preventiva oficiosa. Para ello, se limita a reproducir literalmente el catálogo contenido en el artículo 19, segundo párrafo, de la CPEUM.

Por su parte, la Ley de Amparo establece en su artículo 166 dos supuestos claramente identificados. En su fracción I dispone que cuando se trate de delitos de prisión preventiva oficiosa prevista en el artículo 19 constitucional, la suspensión sólo producirá el efecto de que el quejoso quede a disposición del órgano jurisdiccional en el lugar que señale en lo que se refiere a su libertad, quedando a disposición de la autoridad a la que corresponda conocer el procedimiento penal; es decir, que continúe detenido. En cambio, en la fracción II determina que, tratándose de los delitos que no impliquen prisión preventiva oficiosa, la suspensión puede producir el efecto de que el quejoso no sea detenido, sujeto a las medidas de aseguramiento que el órgano jurisdiccional estime necesarias.

Al respecto, existen criterios contradicctorios entre los Plenos Regionales. El Pleno Regional en Materia Penal de la Región Centro-Sur, con residencia en San Andrés Cholula, Puebla, ha establecido que los órganos de amparo no están facultados para conceder la suspensión provisional con efectos restitutorios respecto de la prisión preventiva oficiosa, a fin de que se imponga una distinta, pues ello implicaría inobservar el artículo 166, fracción I, de la Ley de Amparo, la jurisprudencia 1a./J. 50/2017 (10a.), de la Primera Sala de la SCJN y la restricción prevista en el artículo 19 de la CPEUM.

Este criterio quedó contenido en la jurisprudencia PR.P.CS. J/16 P (11a.), de rubro: *"SUSPENSIÓN PROVISIONAL EN EL JUICIO DE AMPARO. CUANDO SE RECLAMA LA PRISIÓN PREVENTIVA OFICIOSA, NO ES PROCEDENTE CONCEDERLA CON EFECTOS RESTITUTORIOS CON BASE EN LO DETERMINADO POR LA CORTE INTERAMERICANA DE DERECHOS HUMANOS EN LAS SENTENCIAS DICTADAS EN LOS CASOS TZOMPAXTLE*

TECPILE Y OTROS CONTRA MÉXICO Y GARCÍA RODRÍGUEZ Y OTRO CONTRA MÉXICO."[16]

En cambio, el Pleno Regional en Materia Penal de la Región Centro-Norte, con residencia en la Ciudad de México, determinó que con base en una interpretación conforme del artículo 166 de la Ley de Amparo, en correlación con el artículo 107, fracción X, de la CPEUM, es posible conceder la suspensión provisional con efectos restitutorios cuando el acto reclamado sea la imposición de la medida cautelar de prisión preventiva oficiosa, debido a que las sentencias emitidas por la Corte Interamericana de Derechos Humanos, en los casos Tzompaxtle Tecpile y otros contra México y García Rodríguez y otro contra México (en las que entre otras cuestiones, se condenó al Estado Mexicano y se declaró la inconvencionalidad de dicha medida cautelar) son vinculantes y, por tanto, acreditan la apariencia del buen derecho, el peligro en la demora y la no afectación al orden público.

Este criterio se estableció en la jurisprudencia PR.P.CN. J/13 P (11a.), de rubro: *"SUSPENSIÓN PROVISIONAL EN EL JUICIO DE AMPARO INDIRECTO. CUANDO SE RECLAMA LA IMPOSICIÓN DE LA PRISIÓN PREVENTIVA OFICIOSA, LA PERSONA JUZGADORA NO DEBERÁ LIMITARSE A LOS EFECTOS ESTABLECIDOS EN EL ARTÍCULO 166, FRACCIÓN I, DE LA LEY DE AMPARO, SINO QUE DEBERÁ OTORGARLA CON EFECTOS RESTITUTORIOS DE TUTELA ANTICIPADA, YA QUE LAS SENTENCIAS VINCULANTES EMITIDAS POR LA CORTE INTERAMERICANA DE DERECHOS HUMANOS, EN LOS CASOS TZOMPAXTLE TECPILE Y OTROS Y GARCÍA RODRÍGUEZ Y OTRO EN LAS QUE FUE DECLARADA INCONVENCIONAL ESA MEDIDA, CONSTITUYEN UN FACTOR DETERMINANTE PARA TENER POR DEMOSTRADA LA APARIENCIA DEL BUEN DERECHO."*[17]

---

[16] Registro digital: 2028043.

[17] Registro digital: 2027280.

Esta comprensión de la prisión preventiva oficiosa, como una medida cautelar en la que no tiene cabida la suspensión del acto reclamado con los mismos efectos que la prisión preventiva justificada, ha sido materia de severos cuestionamientos. Uno de los que estimo más acertado es el realizado por Adrián A. Regino en el artículo intitulado *"De la suspensión del acto reclamado en delitos de prisión preventiva oficiosa."*[18]

Regino sostiene que estamos en presencia de un cambio en el entendimiento de la prisión preventiva oficiosa, la que al *"privar de la libertad a alguien sin justificación y proporcionalidad, evidencia a un Estado que no ha comprendido el concepto de justicia"*. Al respecto, coincido con Regino en que a partir de las sentencias de la Corte Interamericana de Derechos Humanos en los casos *Tzompaxtle Tecpile y otros vs. México* y *García Rodríguez y otro vs. México* se puede llegar a la conclusión de que la prisión preventiva oficiosa es inconvencional por transgredir la CADH.

Es importante recordar que ambos asuntos versaron sobre la figura de la prisión preventiva oficiosa. Sobre esta última, en uno y otros casos la Corte Interamericana de Derechos Humanos hizo un pronunciamiento sobre el artículo 19 constitucional, en los años 2011 y 2019, y obligó al Estado mexicano adecuar sus ordenamientos jurídicos, incluyendo, desde luego, la CPEUM, para que sean compatibles con la CADH.[19]

Regresando al planteamiento que realiza Adrián Regino, el camino que plantea es que la justicia federal realice la inaplicación de la fracción I del artículo 166, para que sea posible

---

18 Publicado en la revista electrónica Abogacía, sección "Reflexiones". Noviembre 30 de 2023, https://www.revistaabogacia.com/de-la-suspension-del-acto-reclamado-en-delitos-de-prision-preventiva-oficiosa/

19 Véase la sentencia de Tzompaxtle Tecpile y otros vs. México, de 7 de noviembre de 2022, en especial en sus párrafos 217 a 219, en relación con los párrafos 96 a 114. Asimismo, la sentencia de García Rodríguez y otro vs. México, de 25 de enero de 2023, de manera particular son de consultarse los párrafos 295 a 299 y el 301.

otorgar la suspensión con efectos restitutorios y que el quejoso pueda gozar de su libertad: "*...porque haciendo un análisis más profundo, se advierte que esa fracción constituye un trato injustificado e indiscriminado en relación con los otros supuestos de la suspensión que contempla el citado artículo, y, en consecuencia, transgrede injustificadamente el principio de igualdad previsto en el artículo 1° Constitucional.*" En ese sentido, debe aplicarse directamente la CADH, vía control ex officio.

México y todas sus autoridades están obligados a acatar las resoluciones de la CorteIDH, pues reconoció su competencia contenciosa desde el 16 de diciembre de 1998[20] y la Suprema Corte de Justicia de la Nación ratificó esa obligatoriedad y competencia al resolver el expediente Varios 912/2010 y luego en la contradicción de tesis 293/2011. Sin embargo, en el contexto sociopolítico actual no se advierte como una tarea sencilla que los juzgadores federales puedan hacer un control oficioso de convencionalidad cuando, en la práctica, otros poderes públicos ejercen un claro dominio para que, en los asuntos que son de su interés, se decrete prisión preventiva, aun en los casos en que no se trate de delitos calificados como graves.

LA APARIENCIA DEL BUEN DERECHO

Un papel muy importante es el relativo a la aplicación del artículo 138 de la Ley de Amparo, en relación con la apariencia del buen derecho, sobre todo en tratándose de valores fundamentales como son la vida, la libertad personal y bienes jurídicos asociados a estos (como, por ejemplo, la incomunicación o la desaparición forzada). El conservar la vida de los seres humanos y la libertad son valores esenciales de la existencia humana.

---

20 Al respecto ver el siguiente enlace: https://www.oas.org/dil/esp/tratados_b-32_convencion_americana_sobre_derechos_humanos_firmas.htm. Consultado el 10 de marzo de 2024.

Ya en el capítulo quinto de esta obra me he ocupado de la apariencia del buen derecho. En relación con la materia penal, la Primera Sala ha establecido que la segunda parte de la sección tercera, del capítulo I, del título II, de la Ley de Amparo, sobre la suspensión en materia penal, establece un conjunto de normas relativas a la medida cautelar de clases específicas de actos que, por su recurrencia e incidencia en la libertad personal, el legislador consideró necesario regular de manera especial.

Sin embargo, consideró que esto no implica que los actos en materia penal distintos de los expresamente regulados en ese apartado, no sean susceptibles de suspenderse y que, para tal efecto, deban aplicarse las disposiciones sobre la suspensión del acto reclamado, previstas en la primera parte (reglas generales) de esa sección de la Ley de Amparo, que permiten ponderar la apariencia del buen derecho, el peligro en la demora y la afectación al interés social.

Así lo estableció en la jurisprudencia 1a./J. 50/2017 (10a.), de rubro: *"SUSPENSIÓN EN EL JUICIO DE AMPARO INDIRECTO EN MATERIA PENAL. PARA DECIDIR SOBRE LA SUSPENSIÓN DE ACTOS RECLAMADOS NO PREVISTOS EN LA PARTE ESPECIAL DE LA LEY DE AMPARO ("EN MATERIA PENAL"), DEBEN APLICARSE LAS NORMAS DE LA PARTE GENERAL, QUE PERMITEN PONDERAR LA APARIENCIA DEL BUEN DERECHO, EL PELIGRO EN LA DEMORA Y LA AFECTACIÓN AL INTERÉS SOCIAL."*[21]

El derecho a la tutela jurisdiccional efectiva previsto en los artículos 17 de la CPEUM y 25 de la CADH, demanda la existencia de una garantía eficaz de los derechos humanos. En nuestro sistema, el juicio de amparo es una de las garantías principales de estos derechos. La suspensión del acto reclamado, como medida cautelar, es un instrumento para garantizar la eficacia del juicio de amparo, porque conserva su materia y

---

[21] Registro digital: 2015310.

evita daños irreparables o difícilmente reparables a los derechos del quejoso.

Me refiero desde la privación de la vida, pasando por ataques a la libertad personal fuera de procedimiento (en los que ni siquiera ha mediado la actuación jurisdiccional para que ésta se produzca), hasta llegar a actos como la incomunicación, la deportación, la expulsión, la proscripción o destierro, la extradición, la desaparición forzada de personas, la leva o los actos prohibidos por el artículo 22 de la CPEUM.

No se trata de generar impunidad. Se trata de generar justicia. De evitar que, atendiendo verdaderamente a las particularidades de cada caso, y sin transgredir el interés de la sociedad en su conjunto, el juzgador se sienta libre de presiones extrajurídicas para realizar una apreciación preliminar de un acto que tiene serios visos de inconstitucionalidad y, en su caso, atendiendo a esa valoración otorgar la medida cautelar con efectos restitutorios.

En este sentido, la Primera Sala se ha pronunciado enfáticamente en cuanto a que si la suspensión, en general, puede tener efectos restitutorios, no existe razón alguna para que, en materia penal no los tenga, ya que la Ley de Amparo no establece expresamente dicha prohibición.

Así lo estableció en la jurisprudencia 1a./J. 15/2018 (10a.), de rubro: *"SUSPENSIÓN EN MATERIA PENAL. ES POSIBLE QUE TENGA EFECTOS RESTITUTORIOS CUANDO EL ACTO RECLAMADO CONSISTA EN LA CITACIÓN PARA COMPARECER A LA AUDIENCIA INICIAL DE FORMULACIÓN DE IMPUTACIÓN O RESPECTO A LA NEGATIVA DE DESAHOGAR PRUEBAS EN LA AVERIGUACIÓN PREVIA."*[22]

---

[22] Registro digital: 2017642.

LA SUSPENSIÓN EN AMPARO DIRECTO

En cuanto a la materia penal, la Ley de Amparo se ocupa de la suspensión en un solo artículo: el 191. El mismo previene que la autoridad responsable, con la sola presentación de la demanda, ordenará suspender de oficio y de plano la resolución reclamada. Agrega el propio artículo que si se trata de la privación de la libertad la suspensión surtirá el efecto de que el quejoso quede a disposición del órgano jurisdiccional de amparo, por mediación de la autoridad responsable. Este artículo es un reflejo de los artículos 163 y 166, fracción I, de la Ley de Amparo, al impedir la libertad del sentenciado, si éste se encuentra privado de la misma.

Como hemos dicho, la defensa de los derechos humanos que tutela la suspensión del acto reclamado, en materia penal, es de la mayor relevancia. El equilibrio entre el interés de la sociedad y la tutela fundamental de los derechos humanos requiere de toda la sensibilidad de todas las autoridades competentes en esta importante materia y, desde luego, la inexistencia de presiones ajenas a este proceso constitucional.